오늘도 나쁨!
작아서 더 무서운
미세 먼지

1판 3쇄 발행	2024년 6월 19일
글쓴이	이화영
그린이	주형근
편집	이용혁 이정희 이순아
디자인	문지현 오나경
펴낸이	이경민
펴낸곳	㈜동아엠앤비
출판등록	2014년 3월 28일(제25100-2014-000025호)
주소	(03737) 서울특별시 마포구 월드컵북로22길 21, 2층
홈페이지	www.moongchibooks.com
전화	(편집) 02-392-6901 (마케팅) 02-392-6900
팩스	02-392-6902
전자우편	damnb0401@naver.com
SNS	

ISBN 979-11-6363-312-9 (74400)

※ 잘못된 책은 구입한 곳에서 바꿔 드립니다.
※ 이 책에 실린 사진은 위키피디아, 셔터스톡에서 제공받았습니다.

도서출판 뭉치는 ㈜동아엠앤비의 어린이 출판 브랜드로, 아이들의 지식을 단단하게 만들어 주고, 아이들의 창의력과 사고력을 키워 주어 우리 자녀들이 융합형 창의 사고뭉치로 성장할 수 있도록 좋은 책을 만들겠습니다.

펴내는 글

미세 먼지가 발생하는 까닭은 무엇일까?
미세 먼지를 줄이려면 어떻게 해야 할까?

선생님의 질문에 교실은 일순간 조용해지기 시작합니다. 인내심이 한계에 다다른 선생님께서 콕 집어 누군가의 이름을 부르는 순간 내가 걸리지 않았다는 안도감에 금세 평온을 되찾지요. 많은 사람 앞에서 어떻게 말을 해야 할까 고민 한번 해 보지 않은 사람은 없을 겁니다.

사람들 앞에서 자신의 생각을 조리 있게 전달하는 기술은 국어 수업 시간에만 필요한 것이 아닙니다. 학교 교실뿐만 아니라 상급 학교 면접 자리 또는 성인이 된 후 회의에서도 자신의 의견을 분명히 표현할 수 있어야 합니다. 하지만 어디서부터 시작해야 할지 몰라 입을 떼는 일이 쉽지 않습니다. 혀끝에서 맴돌다 삼켜 버리는 일도 종종 있습니다. 얼떨결에 한마디 말을 하게 되더라도 뭔가 부족한 설명에 왠지 아쉬움이 들 때도 많습니다.

논리적 사고 과정과 순발력까지 필요로 하는 토론장에서 자신만의 목소리를 내려면 풍부한 배경지식은 기본입니다. 게다가 고학년으로 올라가서 배우는 수업과 진학시험에서의 논술은 교과서 속의 내용만을 요구하지 않습니다. 또한 상대의 의견을 받아들이거나 비판하기 위해서도 의견의 타당성과 높은 수준의 가치 판단을 해야 하는 경우가 많은데, 자신의 입장을 분명히 하기 위해선 풍부한 자료와 논거가 필요합니다.

토론왕 시리즈는 사회에서 일어나는 다양한 사건과 시사 상식 그리고 해마다 반복

되는 화젯거리 등을 초등학교 수준에서 학습하고 자신의 말로 표현할 수 있도록 기획되었습니다. 체계적이고 널리 인정받은 여러 콘텐츠를 수집해 정리하였고, 전문 작가들이 학생들의 발달 상황에 맞게 스토리를 구성하였습니다. 개별적으로 만들어진 교과서에서는 접할 수 없는 구성으로 주제와 내용을 엮어 어린 독자들이 과학적 사고뿐만 아니라 문제 해결력, 비판적 사고력을 두루 경험할 수 있도록 하였습니다. 폭넓은 정보를 서로 연결 지어 설명함으로써 교과별로 조각나 있는 지식을 엮어 배경지식을 보다 탄탄하게 만들어 줍니다. 뿐만 아니라 국어를 기본으로 과학에서부터 역사, 지리, 사회, 예술에 이르기까지 상식과 사회에 대한 감각을 익히고 세상을 올바르게 바라보는 눈도 갖게 할 것입니다.

『오늘도 나쁨! 작아서 더 무서운 미세 먼지』는 미세 먼지 문제를 해결해 나가려는 여러 어린이들의 이야기입니다. 지구에 사는 준이와 보라, 그리고 또 다른 우주에서 온 완이와 강이가 그 주인공들이지요. 미세 먼지 문제에 무관심했던 준이는 또 다른 우주에서 온 친구들과의 모험을 통해 미세 먼지는 왜 발생하는지, 사람의 건강에 어떤 영향을 미치는지, 어떻게 하면 해결할 수 있는지 등에 대해 깨닫게 됩니다. 이 책을 읽은 어린이 독자들이 미세 먼지에 관해 정확한 정보를 얻고 관련 주제의 토론에서 자신 있게 말할 수 있다면 더 없이 소중한 시간이 될 것입니다.

편집부

펴내는 글 · 4
미세 먼지로 뒤덮인 우주에서 또 다른 나를 만나다 · 8

1장 미세 먼지가 무엇일까? · 11

머리카락보다 작은 미세 먼지

시커먼 매연으로 이뤄진 먼지라고?

토론왕 되기! 미세 먼지 예보 기준을 강화한 이유는?

2장 심각한 미세 먼지 문제 · 31

연평균 미세 먼지 수치는 낮아졌지만

고농도 미세 먼지 일수는 증가

아이슬란드와 방글라데시, 극과 극의 미세 먼지 농도

토론왕 되기! 미세 먼지로부터 저소득 계층을 보호하려면?

3장 우리 몸을 병들게 하는 미세 먼지 · 53

미세 먼지가 일으키는 염증

해양 생태계를 파괴하는 미세 먼지

토론왕 되기! '바다의 허파' 산호를 아시나요?

뭉치 토론 만화
미세 먼지가 사라지는 그 날까지 · 73

4장 미세 먼지의 원인을 찾아라 · 83

미세 먼지를 가장 많이 배출하는 것은?
국내 미세 먼지 발생의 40~50%는 중국발

토론왕 되기! 미세 먼지와 국제 사회 협력

5장 미세 먼지, 함께 줄여요 · 101

깨끗한 공기를 위한 노력
일회용품 사용은 줄이고, 도심 속 숲을 지켜요

토론왕 되기! 어떻게 미세 먼지 문제를 개선해야 할까?

어려운 용어를 파헤치자! · 131
미세 먼지 관련 사이트 · 132
신나는 토론을 위한 맞춤 가이드 · 133

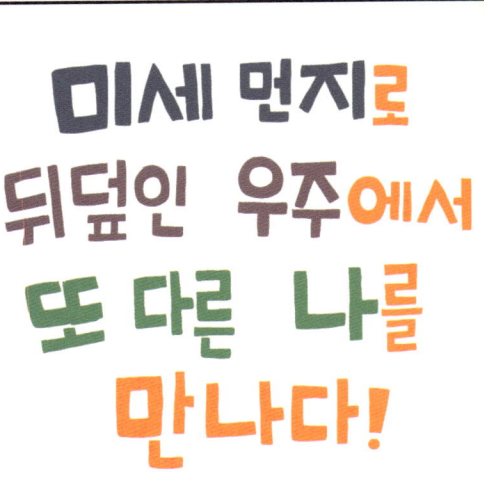

🌫 머리카락보다 작은 미세 먼지

"다른 우주의 또 다른 '나'라고?!"

준이가 놀라 되물었어요.

"미세 먼지에 대해서만 무관심한 줄 알았더니, 과학에도 영~ 관심이 없구나. 너희 세계 말로 '다중 우주'라고 해. 우주는 한 개가 아냐. 여러 개지. 다시 말해, 현재 너희들이 살고 있는 우주 외에 또 다른 우주가 존재한다는 거야. 난 너희와 다른 우주에서 동시에 살고 있는 완이고, 아마 또 다른 우주엔 또 다른 우리가 살고 있을 지도 몰라."

보라가 눈을 동그랗게 뜨고 물었어요.

"그럼 우리는 지금 지구가 아닌 다른 우주에 와 있다는 거니? 우주의 경계를 통과해서?"

"맞아. 다른 우주 안의 지구와 같은 행성이야. 여기 사람들은 '초록별'이라고 부르지."

이번에는 준이가 눈을 동그랗게 뜨고 말했어요.

"정말 놀라운 일인데. 이렇게 나랑 닮은 아이가 다른 우주에서 살고 있다니. 그런데 우리를 여기로 데려온 이유는 뭐야?"

"지금 네가 있는 이 별은 너같이 미세 먼지에 무관심한 사람들이 너무 많았어. 나도 마찬가지였지. 게다가 미세 먼지 문제에 적극적으로 대응하려는 사람들을 온갖 방법으로 막으려는 집단도 있었어. 자기네 집단의 이익을 위해서 말이야. 하지만 사람들은 그 집단들에 제대로 대응을 하지 못했어. 그 결과가 이거야. 오랫동안 초미세 먼지에 노출된 탓에 심각한 질병을 겪는 사람들과 희뿌연 풍경뿐이지."

완이가 씁쓸한 표정을 지으며 말했어요.

그때 보라가 조심스럽게 완이에게 말했어요.

"친구로서 내가 다 창피한데, 사실 준이는 미세 먼지가 무엇인지도 잘 몰라……".

완이가 놀라 소리쳤어요.

"뭐라고?! 요즘 지구에서도 미세 먼지가 심각하다고 난리던데. 미세 먼지가 무엇인지도 몰라? 그럼 초미세 먼지와의 차이도, 황사와 어떻게 다른지도 모르겠네?"

완이의 말에 준이는 괜히 심술을 내며 말했어요.

"미세 먼지건, 초미세 먼지건, 보이지도 않는데 뭐가 문제라는 거야?!"

"그렇게 작으니까 더 문제라는 거야!"

완이는 이내 고개를 절레절레 흔들고는 고양이 로봇 코비를 향해 눈짓했어요. 그러자 코비의 양 눈에서 빛이 나오면서, 공중에 크기가 서로 다른 원 모양들이 생겨났어요.

완이의 연구 노트

미세 먼지의 크기

먼지의 크기를 재는 단위는 마이크로미터(㎛)로, 1마이크로미터는 1/1000밀리미터(㎜)예요. 1㎜도 작은데 그것의 천분의 일이라니, 얼마나 작은지 머리카락과 비교하면 쉽게 알 수 있지요.

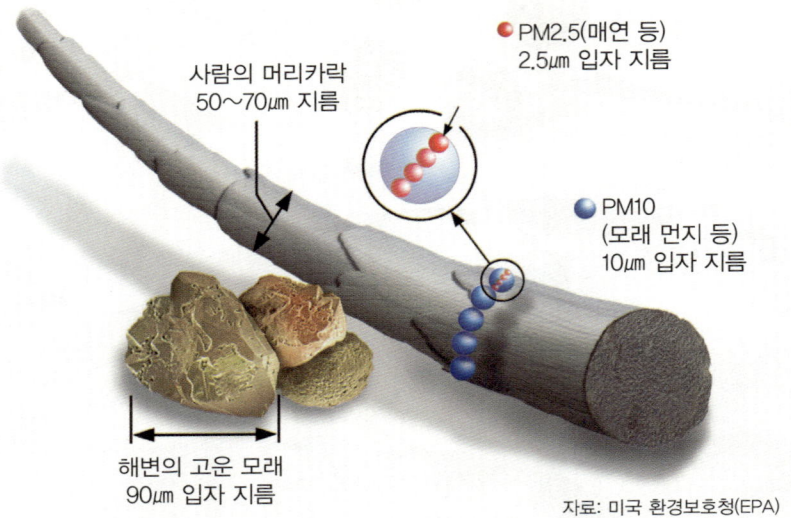

사람의 머리카락
50~70㎛ 지름

PM2.5(매연 등)
2.5㎛ 입자 지름

PM10
(모래 먼지 등)
10㎛ 입자 지름

해변의 고운 모래
90㎛ 입자 지름

자료: 미국 환경보호청(EPA)

미세 먼지는 입자의 지름에 따라 구분하는데, 지름이 50㎛ 이하면 '총 먼지'라고 하고 이보다 작으면 '미세 먼지(Particulate Matter, PM)'라고 해요. 미세 먼지의 지름이 10㎛보다 작으면 PM10, 지름이 2.5㎛보다 작은 초미세 먼지는 PM2.5로 나타내요. 날씨 예보 등에서 미세 먼지 농도를 나타날 때 이런 숫자로 표시가 되는 거랍니다.

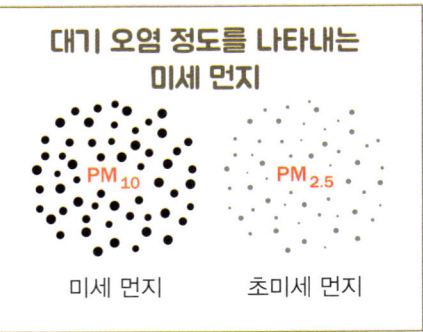

대기 오염 정도를 나타내는 미세 먼지

PM₁₀ 미세 먼지

PM₂.₅ 초미세 먼지

"우리 눈에 보이는 먼지는 코털이나 기관지 점막에서 대부분 걸러져서 배출될 정도의 크기야. 그래서 우리 몸에 미치는 영향이 대단히 많지는 않아. 하지만 미세 먼지는 다르지. 미세 먼지가 얼마나 작으냐면……."

이때, 보라가 완이의 말을 막아섰어요. 그러고는 준이의 머리털을 하나 뽑더니 말을 이어갔어요.

"준이야, 잘 봐. 미세 먼지는 보통 사람 머리털 굵기의 10분의 1 정도야. 사람의 눈으로는 구별할 수가 없는 크기지."

이번에는 완이가 보라의 말을 받아 말했어요.

"초미세 먼지는 이보다 더 작아. 머리카락 굵기의 20분의 1에서, 작게는 200분의 1까지 작지. 그러니 코털이나 기관지 점막에서 걸러지지 않고, 우리 몸속 깊숙이 들어가 쌓일 수 있는 거야. 폐 속으로도 들어갈 수 있지. 폐로 들어간 미세 먼지는 폐포를 통과해 혈액을 타고 온몸으로 이동할 수 있어."

"와, 미세 먼지가 정말 무서운 거네. 이제까지 몰랐어."

준이가 놀랍다는 듯이 말했어요. 보라는 준이를 보며 혀를 끌끌 찼어요.

"그동안 내가 너에게 이야기를 해 주려고 했는데, 그때마다 네가 어찌나 귀를 막고 도망가던지, 이제야 속이 다 시원하네!"

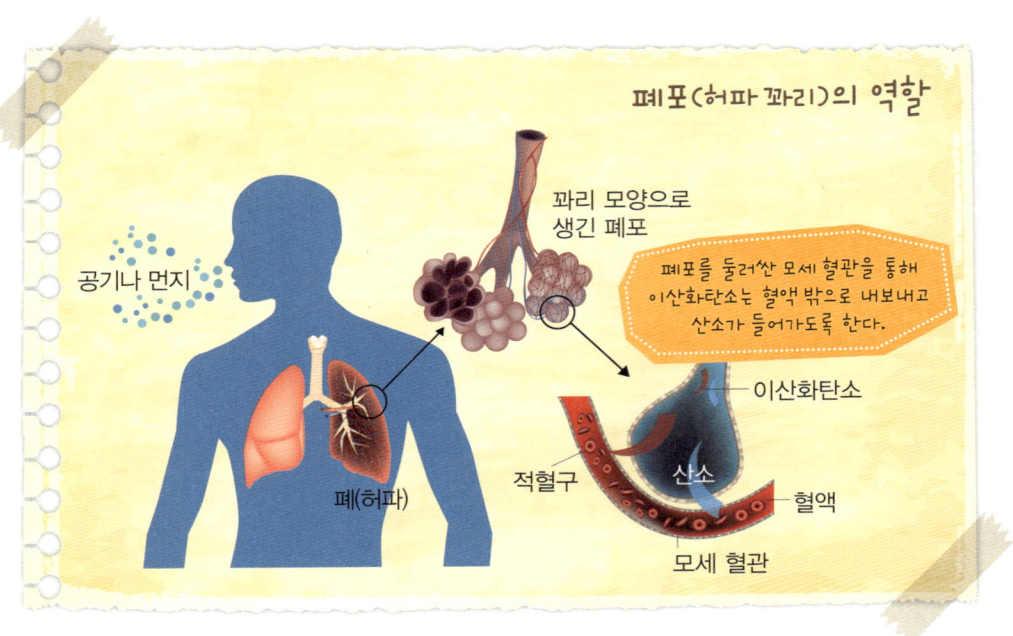

🪨 시커먼 매연으로 이루어진 먼지라고?

보라의 말에 완이가 얼굴에 웃음을 띠며 말했어요.

"그런데 미세 먼지는 다른 먼지와 크기도 차이가 있지만 성분도 달라. 황사는 주로 흙모래로 이루어져 있어. 모래 먼지가 바람을 타고 높이 올라가 대기 중에 퍼졌다가 서서히 떨어지는 게 황사거든. 자연적 현상으로 생긴 거라 칼슘이나 철, 칼륨, 마그네슘 등 주로 흙에 들어 있는 성분이 많아. 물론 황사도 호흡기 질환 등을 일으키기 때문에 마스

건조한 지대에서 발생하는 황사

크를 써서 몸 안으로 들어가지 않도록 하는 것이 좋아.

반면에 미세 먼지는 주로 연료가 탈 때 발생하기 때문에 황산염, 질산염, 암모니아, 일산화탄소, 중금속 등의 우리 몸에 아주 해로운 물질로 이루어져 있어. 그래서 세계 보건 기구(WHO)에서 미세 먼지를 1급 발암 물질로 지정했지."

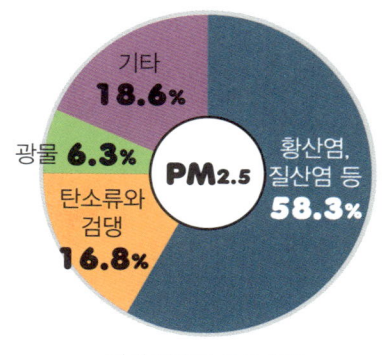

미세 먼지의 주요 성분

가만히 듣고 있던 준이가 질문했어요.

"황산염? 질산염? 그런 게 다 뭔데? 알아듣게 설명을 해야 할 거 아냐!"

그때 코비가 눈을 찡긋했어요. 그러자 주변이 도로로 변하고 그 위에 검은 매연을 내뿜는 차들이 나타났어요.

완이가 말했어요.

"놀라지 마, 증강 현실이니까. 저 이미지들은 실감나지만 가짜야. 코비가 만든 거지. 미세 먼지를 이루는 유해 성분은 자동차가 내뿜는 배기가스 성분과 비슷하다고 보면 이해가 쉬워. 부모님 차를 타고 가다 보면, 부모님이 주유소에서 기름을 채울 때가 있지?"

준이가 고개를 끄덕이자, 완이가 말을 이어갔어요.

"기름이 차 안에서 산소와 만나면 물과 가스 상태의 물질들이 생겨. 이 물질들이 공기 중의 수증기와 오존, 암모니아 등과 만나면서 미세 먼지를 이루는 유해 물질인 황산화물(SOx), 질소 산화물(NOx), 휘발성 유기 화합물(VOCs) 등이 되지. 미세 먼지를 이루는 주요 성분들이야."

그때 증강 현실 속 차가 부르릉거리며, 짙은 배기가스를 준이의 얼굴을 향해 내뿜었어요.

"켁, 켁! 아~, 뭐야!"

준이가 손사래를 치며 짜증난 목소리로 말했어요.

"증강 현실이래도~. 그렇지만 진짜 같았지? 그 매캐한 매연이 공기 중에 가득 차 있다고 생각해 봐. 그리고 네 가족들이 매일 그 공기를 마신다고 생각해 봐. 미세 먼지 농도가 높다는 건 그런 거니까."

콜록거리며 준이가 말했어요.

"갑자기 연기가 뿜어져 나와서 놀란 것뿐이야. 그렇다고 이게 이렇게 심각할 일이야?"

준이의 말에 이번에는 보라가 고개를 양 옆으로 젓더니 말했어요.

"들이마셨다고 생각만 해도 콜록거리는 그 먼지가 진짜로 네 몸속으로 들어간다고 생각해 봐! 그게 도대체 얼마나 해로울지 말이야!"

보라의 말에 완이의 표정이 갑자기 어두워지더니, 무언가 결심한 표

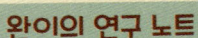
완이의 연구 노트

미세 먼지, 정전기로 잡는다?

마스크가 머리카락 굵기보다도 수십, 수백 배나 작은 초미세 먼지까지 걸러낼 수 있는 비결은 정전기에 있어요. 풍선을 머리카락에 문지른 뒤 풍선을 머리 위로 올려 보세요. 머리카락이 풍선을 따라 위쪽으로 올라가지요? 같은 원리예요. 미세 먼지 마스크는 외피와 1차 필터, 정전 필터, 내피로 구성돼 있어요. 정전 필터는 필터에 고전압을 가해 만들지요. 이 정전 필터가 특유의 끌어당기는 성질로 미세한 먼지를 잡아 내는 거예요.

그렇다면 미세 먼지 마스크는 왜 재사용이 어려울까요? 습기에 약하기 때문이에요. 머리카락에 물을 묻히고, 풍선을 문질렀을 때 머리카락이 따라오지 않는 것과 같아요. 이 때문에 한번 사용한 마스크를 다시 쓰는 경우, 정전 필터가 먼지를 끌어당기는 등의 제 역할을 충분히 하지 못해요.

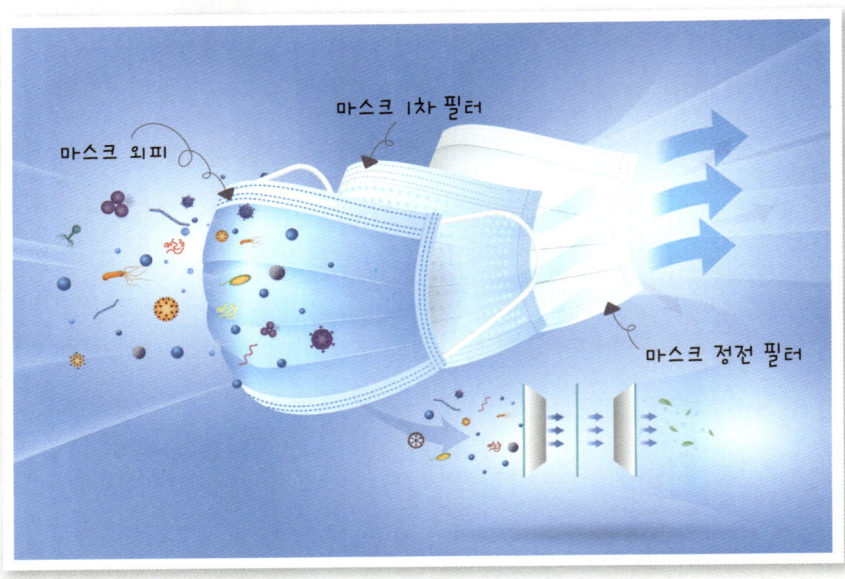

정을 짓고 말했어요.

"너희에게 보여 줄 곳이 있어. 같이 가자. 다들 마스크 벗어지지 않게 조심하고."

완이는 준이와 보라, 코비와 함께 길을 나섰어요. 곳곳에서 들리는 기침 소리, 회색빛 공기와 건물들이 보였어요. 보라는 도시 풍경에 놀라, 눈이 휘둥그레진 채 완이에게 물었어요.

"도대체, 무슨 일이 있었던 거야? 지금 이 곳 미세 먼지 수치가 어느 정도인 거야? 언제부터 이런 거야? 너는…… 괜찮은 거야?"

보라의 질문에 완이가 말했어요.

"진정해. 하나씩 설명해 줄게. 이곳의 초미세 먼지 수치는 말야……."

그러고는 투명 헬멧 마스크의 오른쪽 빨간 버튼을 눌렀어요. 그러자 수치가 나타났어요.

"오늘 평균 $250\mu g/m^3$ 정도네."

담담한 완이의 말에 보라가 화들짝 놀라더니 숨을 참았어요. 그런 보라를 보던 완이가 말했어요.

"보라, 숨 참지 않아도 돼. 이 마스크 안에서는 괜찮아. 대기 중의 미세 먼지가 완벽하게 차단되거든. 하지만 너무 오래 쓰면 이산화탄소 양이 많아져서 나른해질 거야. 그러니 어서 움직이자."

보라가 다시 말을 이어 갔어요.

"250㎍/㎥이라고? 그게 가능하기나 한 숫자야?"

완이가 짓궂게 대답했어요.

"마스크를 벗어 보면 단번에 가능한 숫자라는 걸 알게 될 거야. 참, 너희 우주에서도 공장이나 자동차가 많은 대도시에 가면 느낄 수 있을 걸. 초미세 먼지 일평균 수치가 여러 차례 200㎍/㎥을 넘어가는 도시가 꽤 있단 말이야."

보라는 얼빠진 표정을 짓고 말했어요.

"말도 안 돼! 지구에 그런 곳이 있다고?"

"너희, 지금 지구의 미세 먼지 문제가 얼마나 심각한지 모르는구나?!"

그러더니 완이가 코비에게 말했어요.

"코비, 아무래도 잠시 지구에 먼저 다녀와야겠어. 포털을 열어 줘."

코비가 고개를 끄덕이더니 땅에서 동그랗게 돌았어요. 그러자 땅에 동그란 구멍이 생기고 그 속에서는 밝은 빛이 뿜어져 나왔어요.

"다들 이쪽으로 와. 지구로 가자."

완이는 말을 마치고는 구멍 속으로 훌쩍 뛰어들었어요.

오늘도 나쁨! 작아서 더 무서운 미세 먼지

먼지의 종류와 특징

먼지란 무엇일까?

먼지는 모래보다 작은 가늘고 보드라운 티끌을 말해요. 공중에 떠다니거나 흩날려서 내려오기도 하며 '분진'이라고도 불러요. 바람을 타고 움직이기 때문에 지표면에 쌓이지요. 먼지는 바위 같은 암석이 부서지면서 생기기도 하고, 가정생활에서도 생기며, 연료를 태울 때 나는 연기에서 생기기도 해요. 또 사막 등에서는 모래 먼지가 바람에 날려 올라가고, 화산 활동으로 생긴 먼지가 공중으로 널리 퍼지기도 하지요.

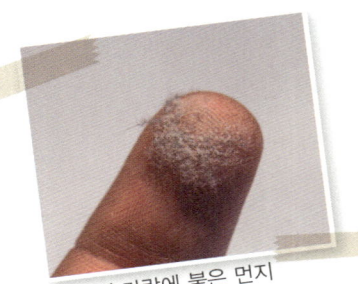
손가락에 붙은 먼지

1935년 텍사스의 한 마을을 뒤덮은 먼지 폭풍

먼지의 종류

휘발성 가스 물질이 엉겨서 미세한 입자로 변하면서 생긴 퓸(Fume), 자동차의 배기가스나 굴뚝의 매연 등에서 나온 질소 산화물 등이 대기의 수분과 반응해서 액체형 입자로 변한 미스트(Mist), 물질을 태울 때 생기는 연기(Smoke) 등이 있어요.

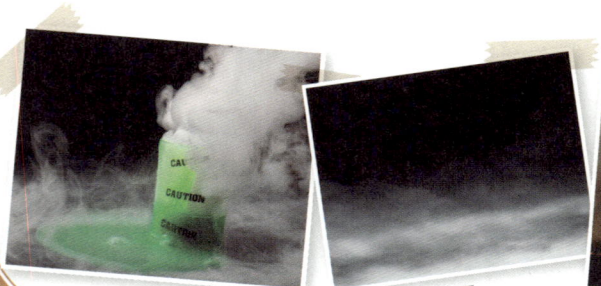
퓸   미스트

연기

미세 먼지란?

일반 먼지보다 훨씬 작아서 눈에 잘 보이지 않는 먼지예요. 미세 먼지를 이루는 성분은 그 미세 먼지가 발생한 지역이나 계절, 기상 조건 등에 따라 달라질 수 있어요. 일반적으로는 대기 오염 물질이 공기 중에서 반응하여 만들어진 덩어리(황산염, 질산염 등)와 석탄·석유 등 화석 연료를 태우는 과정에서 발생하는 탄소류와 검댕, 지표면 흙먼지 등에서 생기는 광물 등으로 구성돼요.

석탄·석유 등의 화석 연료를 태울 때 나오는 연기나 자동차의 배기가스 등에서 직접 배출되는 먼지를 '1차 미세 먼지'라고 해요. 1차 미세 먼지 속에 있는 질소 산화물이나 황산화물 등이 공기 중에서 빛을 받아 암모니아나 수증기, 오존 등과 반응하여 만들어진 먼지를 '2차 미세 먼지'라고 해요. 2차 미세 먼지를 보통 '초미세 먼지'라고 하는데, 1차 미세 먼지보다 입자가 훨씬 작고 잘 가라앉지 않아서 공기를 더욱 오염시키고 인체에도 아주 해롭지요.

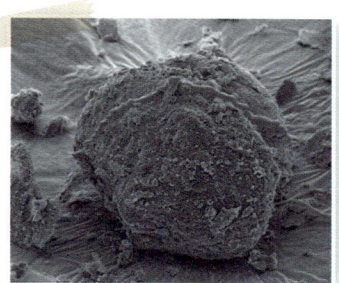
일반 먼지를 현미경으로 확대한 모습

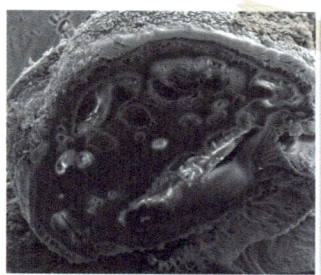
미세 먼지를 현미경으로 확대한 모습

초미세 먼지를 현미경으로 확대한 모습

미세 먼지 예보 기준을 강화한 이유는?

세계 보건 기구에서는 미세 먼지의 농도가 건강에 미치는 영향 정도에 따라 PM2.5의 연평균 권고 기준을 10㎍/㎥, PM10은 20㎍/㎥으로 제시하고 있어요. ㎍/㎥는 가로, 세로, 높이 1m인 사면체 공간에 얼마나 많은 미세 먼지가 있는지 알려 주는 단위예요. 숫자가 높을수록 농도가 짙다는 뜻이지요. 세계 보건 기구의 권고 기준은 보건학적으로 가장 이상적인 값이지만, 안타깝게도 각 나라별로 경제나 사회·기술적 조건이 달라 현실성이 부족하다는 평가가 있어요. 이에 세계 보건 기구는 권고 기준과 함께 단계별 잠정 목표값도 제시하고 있답니다.

미세 먼지에 대한 WHO 권고 기준과 잠정 목표

구분	PM2.5(㎍/㎥)		PM10(㎍/㎥)		각 단계별 연평균 기준 설정시 건강 영향
	연평균	일평균	연평균	일평균	
잠정 목표1	35	75	70	150	권고 기준에 비해 사망 위험률이 약 15% 증가 수준
잠정 목표2	25	50	50	100	잠정 목표 1보다 약 6%(2~11%) 사망 위험률 감소
잠정 목표3*	15	37.5	30	75	잠정 목표 2보다 약 6%(2~11%) 사망 위험률 감소
권고 기준	10	25	20	50	심폐질환과 폐암에 의한 사망률 증가가 최저수

*우리나라 미세 먼지 기준(2018. 3 시점)

세계 보건 기구에서는 목표값을 세 단계로 나눠 권고하고 있어요. 1단계는 PM2.5의 기준이 연평균 35㎍/㎥이에요. 장기간 노출 시 권고 기준인 10㎍/㎥

일 때보다 사망률이 약 15% 높아질 것으로 보고 있어요. 이 단계에서 2단계 목표인 $25㎍/㎥$까지 낮추면 조기 사망률을 6% 낮출 수 있고, 3단계인 $15㎍/㎥$까지 줄이면 6% 더 사망률을 낮출 수 있다고 해요.

우리나라에서는 처음에는 2단계 기준을 채택해 관리했어요. 이후 2018년 3월에 높은 수준인 3단계로 강화, PM2.5의 연평균 기준을 연간 $15㎍/㎥$, 일평균은 $35㎍/㎥$ 이하로 개정해 관리하고 있어요.

이에 따라 예보 기준도 바뀌었답니다. 이전에는 PM2.5가 $50㎍/㎥$가 넘으면 '나쁨'이었는데, 이제는 $35㎍/㎥$부터 나쁨으로 예보하고 있습니다. 따라서 '나쁨'으로 예보되는 날이 많아졌다고 해서 이전보다 공기 질이 더 나빠졌다고는 볼 수 없어요.

또 정부에서는 3단계에서 멈추지 않고 2026년까지 PM2.5의 일평균 기준을 $15㎍/㎥$까지 줄이는 목표를 세우고 정책을 펼치고 있어요. 미세 먼지에 대한 환경 기준 강화는 시민 단체와 언론, 국회의 목소리를 반영한 것으로, 어린이와 노약자 등 미세 먼지 취약 계층의 피해를 줄이기 위한 조치입니다. 기준이 강화되면 '나쁨'인 날이 많아져 불안감이 커질 수 있으나, 장기적으로는 사람들의 노력을 이끌어 내어 오염도 개선 효과를 거둘 수 있으리라고 환경부는 내다보고 있어요.

미세 먼지 예보 기준 강화가 우리 생활에 미치는 영향에 대해 생각해 보세요.

알맞은 내용 찾기

미세 먼지, 초미세 먼지, 황사의 특징에 해당하는 번호를 골라 써 보세요. 중복되는 답도 있어요.

보기

❶ 주로 흙 성분으로 이루어진 모래 먼지입니다.
❷ 세계 보건 기구에서 지정한 1급 발암 물질입니다.
❸ 지름이 2.5㎛ 이하로 크기가 머리카락 굵기의 20분의 1에서 작게는 200분의 1 정도입니다.
❹ 연소로 생긴 물질이 공기 중의 수증기와 오존, 암모니아 등과 만나 생긴 물질로 이루어져 있습니다.
❺ 이 수치가 35㎍/㎥ 이상이면 경보 기준 상 '나쁨'입니다.

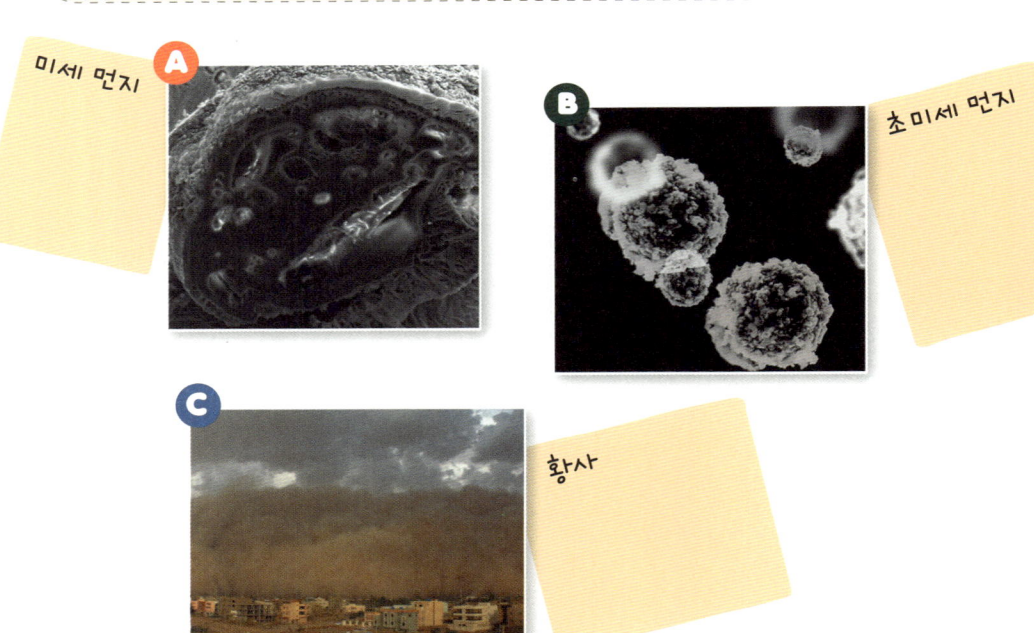

A 미세 먼지

B 초미세 먼지

C 황사

정답
Ⓐ 미세 먼지: ❷, ❹
Ⓑ 초미세 먼지: ❷, ❸, ❹, ❺
Ⓒ 황사: ❶

🌫 연평균 미세 먼지 수치는 낮아졌지만

"우와아아아~!"

준이와 보라가 소리쳤어요.

'쿵-'

"아야~!"

엉덩방아를 찧은 준이는 엉덩이를 매만지며 주위를 둘러보다가 놀라서 소리쳤어요.

"우아~, 돌아왔다! 돌아왔어! 엄마~ 엄마!"

보라가 말했어요.

"엄마가 마스크 쓰고 가라 할 땐 들은 척도 않더니, 엄마부터 찾네."

완이는 어린아이를 보듯 준이를 보고는 말을 이어 갔어요.

"준이가 그렇게 보고 싶어 하는 엄마가 어떤 공기를 마시고 지내시는지 자세히 알아볼까? 다행히 한국은 2017년부터 미세 먼지를 줄이기 위해 노력 중이야. 그러니까 준이, 준이의 친구들과 가족들, 주변 사람들부터 미세 먼지 문제에 관심을 갖는다면, 지구가 우리 별처럼 되는 일은 막을 수도 있다는 이야기지. 그 시작은 지금 네가 살고 있는 곳이 어떤 상황인지부터 아는 거야. 네가 지구 곳곳을 보고도 미세 먼지 문제에 무관심하게 살기 원한다면, 집으로 바로 가게 해 줄게. 그러니 이번이라도 외면하지 말고 제대로 봐 주면 좋겠어."

갑자기 진지한 완이의 표정에 준이의 마음이 움직였어요. 준이도 진지한 표정으로 고개를 끄덕여 답했어요.

"좋았어! 우선 통계 자료를 볼까? 코비, 숫자를 띄워 줘!"

그래프를 보던 보라가 말했어요.

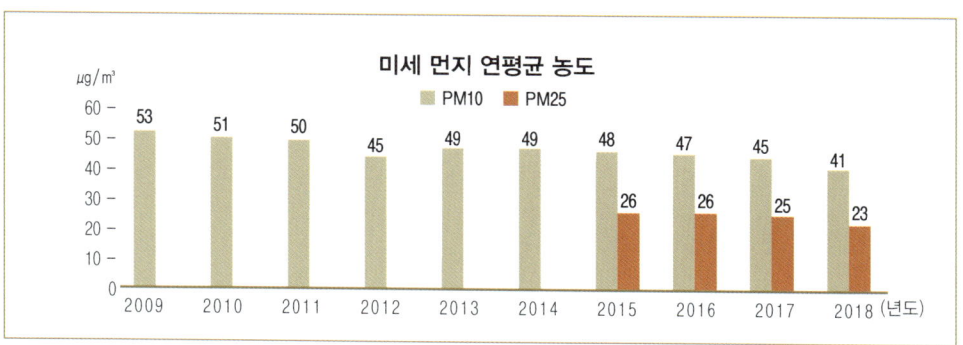

"최근 10년 동안 미세 먼지와 초미세 먼지 수치는 낮아졌네. 2009년 전국 연평균 미세 먼지 수치가 53㎍/㎥, 2014년에는 49㎍/㎥, 2018년에는 41㎍/㎥야."

이번에는 준이가 말했어요.

"초미세 먼지 수치도 2015년에 26㎍/㎥에서 2018년 23㎍/㎥로 낮아졌네. 큰 폭은 아니지만, 그래도 방향성이 중요한 거 아닐까?"

적극적으로 변화한 준이의 모습에 완이와 보라가 준이를 향해 엄지손가락을 치켜세웠어요.

고농도 미세 먼지 일수는 증가

그러다가 보라가 고개를 갸웃거리며 말했어요.

"하지만 공기가 회색이라고 느낄 정도로, 미세 먼지가 심각하다고 느끼는 날도 많았는데……. 눈도 자주 간지럽고 말이야……. 마스크를 쓰지 않으면 입으로 먼지가 엄청 들어올 거 같던데."

그때 코비가 처음으로 사람처럼 말을 했어요.

"맞아요. 최근 10년 동안 연평균 미세 먼지, 초미세 먼지 농도는 조금 낮아졌지만, 미세 먼지 농도가 높았던 날은 늘었어요. 미세 먼지 농

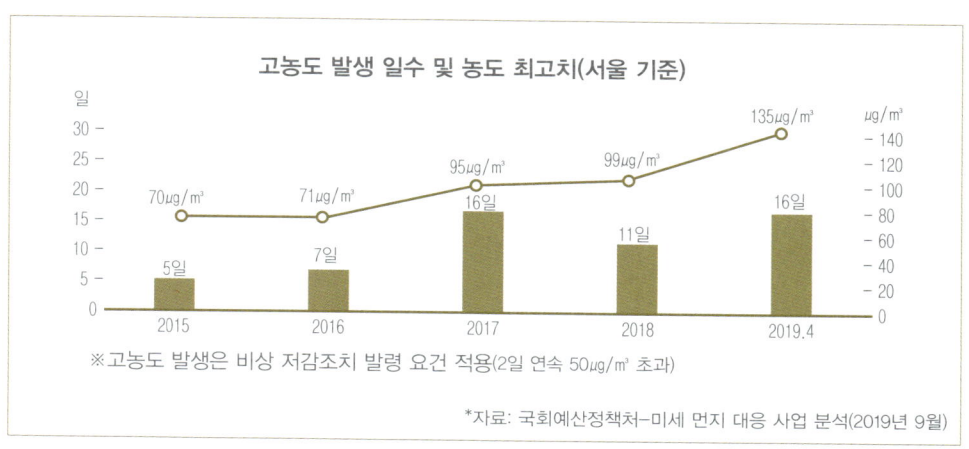

도 최고치를 매년 깰 정도로 미세 먼지 농도가 심각하게 높은 날들도 있었고요!"

준이와 보라는 코비의 말이 귀에 들어오지 않았어요. 말하는 고양이라니, 게다가 모르는 게 없는 똑똑한 고양이라니 그저 신기한 표정으로 코비의 얼굴만 뚫어지게 쳐다보았어요.

"코비는 인공 지능 칩이 탑재돼 있어. 사람의 말을 알아들을 수도 있고 할 수도 있어."

여전히 신기한 듯 코비를 빤히 쳐다보던 준이가 코비에게 다시 물었어요.

"코비, 그럼 우리나라에서 미세 먼지 농도가 제일 높았을 때가 언제였어? 어느 정도 높았어?"

준이의 질문에 코비가 갑자기 눈을 크게 깜박했어요.

빵빵~!

갑자기 시끄러운 자동차 경적 소리가 나면서 주변은 엄청나게 많은 차들이 매연을 뿜으며 오가는 도시의 거리로 변했어요. 준이의 엄마도 거리를 지나가고 있었어요. 준이가 놀라서 두 눈을 동그랗게 뜨고는 코비에게 말했어요.

"어, 엄마?! 갑자기 무슨 일이지? 여긴 어디야?"

코비가 다시 대답했어요.

"2019년 1월 11일의 한국이에요. 이때 한국의 7개 도시가 미세 먼지 농도 최고치를 기록했어요. 당시 서울의 미세 먼지 농도는……."

그때 완이가 눈을 찌푸리며 말했어요.

"말하지 않아도 짐작이 가. 희뿌연 하늘, 벌써부터 간질간질한

완이의 연구 노트

대기 정보, 동네 단위로 확인한다

전 세계의 대기 오염 수치가 모두 같지 않은 것처럼, 우리나라 안에서도 도시별로, 동네별로도 대기 상황이 달라요. 따라서 내가 지금 마시고 있는 이 공기가 어떤 상태인지 확인하는 게 필요해요.

이때 비교적 정확하고 손쉬운 방법이 바로 한국 환경 공단에서 운영하는 '우리 동네 대기 정보' 앱을 이용하는 거예요. 여러분이 있는 위치 정보를 바탕으로 주변에 있는 대기 오염 측정소에서 측정한 미세 먼지 농도, 오존, 일산화탄소 등 대기 오염 물질의 정도를 확인할 수 있답니다. 자신이 사는 동네뿐만 아니라 다른 지역의 대기 상태도 파악할 수 있어요.

또 알람을 설정해 두면 미세 먼지 농도가 높을 때, 대기 오염 수준이 심각할 때 문자 알림도 받을 수 있어요. 외출을 해도 되는지, 외출할 때 마스크를 써야 하는지, 안 써도 되는지 등의 정보를 알려 주거든요. 외출 전, 우리 동네 미세 먼지와 초미세 먼지 농도 확인하기, 습관이 되면 좋겠죠?

눈……! 이 정도면…… 130 $\mu g/m^3$?"

그때 갑자기 실로폰이 '퐁' 하고 나타나더니 저절로 '딩동댕'을 치곤 사라졌어요. 이어 코비가 말했어요.

"대단해요~, 정확해요! 129 $\mu g/m^3$예요. 이 시기, 한국의 경기 남부와 북부, 인천, 대전, 세종, 충북이 모두 100 $\mu g/m^3$을 넘었어요. 한국은 겨울과 봄, 특히 12~3월에 고농도 미세 먼지가 자주 발생해요. 2015년 이후 연중 최고 미세 먼지 농도가 모두 이 기간에 나타났지요. 그리고 미세 먼지가 '나쁨'인 날도 역시 이 기간에 집중돼요."

그 사이 보라와 준이는 얼굴이 시뻘게져 있었어요. 그 모습을 본 완이가 놀라 물었어요.

"뭐야? 무슨 일이야? 둘 다 왜 이렇게 얼굴이 빨개?"

보라가 작은 목소리로 말했어요.

"투명…… 마스크, 마스크……!"

완이가 다시 물었어요.

"잘 안 들려! 뭐라고?"

그러자 보라가 소리쳤어요.

"그 투명 마스크 씌워 줘! 당장! 숨을 못 쉬겠다고!"

완이는 화들짝 놀라 준이와 보라에게 마스크를 씌워 줬어요. 그제서야 보라와 준이의 얼굴빛이 서서히 정상으로 돌아왔어요.

완이가 물었어요.

"도대체 무슨 일이야?"

준이가 말했어요.

"미세 먼지 농도가 130$\mu g/m^3$이라는 소리를 들으니 저절로 숨을 멈추게 되던데! 미세 먼지가 황산염, 질산염, 중금속으로 이루어져 있다는데, 너는 어떻게 그 상황에서 태연할 수가 있어?"

"아~, 그래서 얼굴이 그렇게 시뻘게진 거야? 나야, 우리 별에서는 그 정도 농도는 너무 어렸을 때부터 익숙해서……."

완이가 씁쓸한 표정으로 말하더니 고개를 숙였어요.

그때 눈치 빠른 준이가 분위기를 바꾸려고 신나는 목소리로 완이에게 말했어요.

"그런데 말야, 정부에서 미세 먼지에 대해 계획을 세우고 적극적으로 대처한 2017년부터 점차 나아져, 2018년에는 전국적으로 연평균 농도가 낮아졌어. 초미세 먼지도 마찬가지고! 완이네 별도 점점 좋아지지 않을까?"

준이가 말을 마치자마자 보라가 기다렸다는 듯이 말했어요.

"그렇지만 더 나아져야 해. 핀란드의 헬싱키나 캐나다의 밴쿠버, 네덜란드의 암스테르담 같은 도시에 비하면 우리나라의 미세 먼지 수치는 두 배 정도 높거든."

"보라는 다른 건 다 좋은데, 욕심이 많고 게다가 조급하기까지 한 게 탈이라니까. 우선 시작했으니까 우리도 열심히 노력해서 더 나아지면 되지!"

준이의 말에 보라가 당황하며 말했어요.

"흠흠, 그건 그렇지. 내가 좀 조급했다. 그런데, 우리나라 미세 먼지 농도가 전국적으로 낮아지고 있다는 건 어떻게 알았어? 갑자기 사람이 너무 확 달라진 거 아냐?"

준이가 말했어요.

"휴대 전화로 검색했지! 똑똑한 사람은 도구도 적절하게 쓸 줄 알거든! 히히. 이쯤 되면 나에게 격려하는 뜻으로 선물이라도 주어야 되는 거 아냐?"

그러자 코비가 완이에게 눈짓을 하더니 준이에게 손을 내밀었어요. 준이가 코비의 손을 잡았지요. 그러자 바로 준이와 코비가 사라졌어요.

보라가 놀라서 눈을 동그랗게 뜨자, 완이가 말했어요.

"걱정하지 않아도 돼. 곧 올 거니까. 지구에서 미세 먼지 농도가 가장 낮은 곳으로 갔거든. 흐흐흐."

아이슬란드와 방글라데시, 극과 극의 미세 먼지 농도

그 시간에 준이는 태어나서 처음 와 보는 낯선 곳에 코비와 함께 있었어요.

'휘잉~휘잉~.'

차가운 바람에 오들오들 떨고 있는 준이에게 코비가 코트를 건네주며 말했어요.

"처음에는 좀 춥겠지만 적응이 될 거예요. 먼저 미세 먼지 마스크를 벗어요. 그리고 크게 숨 한번 쉬어 봐요. 공기가 아주 맑아요."

크게 숨을 들이마신 준이는 놀라운 표정을 지으며 말했어요.

"여기가 어딘데?"

코비가 말했어요.

"지난해 초미세 먼지 농도가 평균 $5.5㎍/㎥$였던 아이슬란드예요. 북극권 바로 남쪽에 위치한 섬나라로 지구에서 미세 먼지 농도가 낮은 나라로 손에 꼽혀요."

다시 한 번 코로 크게 숨을 들이마신 준이가 기분 좋은 표정으로 말했어요.

"차갑긴 하지만, 공기가 깨끗하고 상쾌해. 우리나라도 이렇게 깨끗해지면 좋겠어."

코비가 준이에게 눈을 찡긋하고는 말했어요.

"그럼요. 하지만 미세 먼지는 그 나라만의 문제는 아니에요. 공기는 돌고 돌기 때문에 지형과 바람에 따라 서로 영향을 많이 주고받거든요. 미세 먼지 문제는 전 세계가 함께 협력해 풀어야 해요. 같은 지구지만, 아시아의 인도나 방글라데시의 몇몇 도시는 정말 오염이 심각하거든요."

준이가 갑자기 무엇인가를 결심한 듯, 굳은 표정으로 말했어요.

"나, 방글라데시에도 데려가 줘. 이렇게 깨끗한 곳이 있으면, 그 반대도 있을 것이라 생각은 했거든."

코비가 고개를 끄덕이자, 아이슬란드의 산 사이로 포털이 생겼어요.

"완이와 보라도 방글라데시로 올 거예요. 완이에게 텔레파시를 보냈답니다. 이쪽이에요. 출발~!"

"짜잔~! 엉덩방아는 이제 안녕~, 안정적인 착륙이라고!"

포털에서 안정적으로 착륙한 준이 뒤로 익숙한 목소리가 들렸어요.

"준이~, 깨끗한 공기 마시고 나서 이곳은 왜 왔어?"

완이였어요.

"네가 살고 있는 곳의 공기와도 비슷하다고 해서……. 네가 얼마나 힘들었을지, 네가 얼마나 절박했으면 이렇게 우주의 경계를 넘어 나를 찾아왔을까, 하는 생각이 들었어. 그래서 이렇게라도 너와 코비를 이해

초미세 먼지 농도가 가장 높은 도시는?

한국 환경 공단 앱을 통해 우리 동네 대기 정보를 확인할 수 있듯이 'www.iqair.com/earth' 사이트에서는 세계의 초미세 먼지 농도를 확인할 수 있어요. 2019년 세계에서 초미세 먼지 농도가 가장 높은 도시는 어디였을까요? 인도 북부에 있는 '가지아바드'였어요. 연평균 110.2㎍/㎥를 기록했지요. 초미세 먼지 농도가 높은 30개 도시 중 21개가 인도의 도시이고, 나머지 9개 도시도 모두 아시아에 있는 것으로 나타났어요.

세계 85개 나라 수도를 기준으로 집계한 결과도 비슷했어요. 인도의 델리가 연평균 98.6㎍/㎥으로 세계에서 공기 질이 가장 안 좋은 수도로 꼽혔으며, 방글라데시의 다카(83.3㎍/㎥), 아프가니스탄 카불(58.8㎍/㎥), 인도네시아 자카르타(49.4㎍/㎥)가 뒤를 이었어요. 서울은 24.8㎍/㎥로 27위를 기록했어요.

각 나라의 수도 중에 세계 보건 기구의 연평균 농도 권고 기준인 10㎍/㎥ 이하를 기록한 도시는 러시아 모스크바(10.0㎍/㎥), 독일 베를린(9.7㎍/㎥) 등 단 15곳뿐이어서 세계적으로 공기 오염 문제가 심각함을 알 수 있어요.

미세 먼지로 덮힌 인도의 한 도시 모습

하고 싶었어."

준이가 말했어요. 준이에 말에 감동받은 완이,

"준이······, 너······."

하며 준이를 안으려는 찰나, 준이가 분위기를 깨며 말했어요.

"그런데, 나 화장실이 너무 급해서! 잠시만! 여기서 기다려 줘."

말이 끝나자마자 준이는 맞은편에 있는 화장실로 뛰어갔어요. 얼마 뒤 검은 양복을 입은 한 남자가 준이에게 다가오더니 물었어요.

"지구에 있는 한국에서 사는 준이······?"

"그런데요······? 어떻게 저를 아세······."

준이의 말이 끝나기도 전에, 그 남자는 준이를 향해 광선총을 발사했어요. 준이는 순식간에 개미만큼 작아졌답니다.

그 상황을 본 완이가 두 사람을 향해 달리기 시작했어요. 다급해진 남자는 주변을 둘러봤어요. 그때 화장실 옆에서 콜록거리는 아저씨의 기침 소리가 들렸어요. 남자는 눈을 반짝이더니, 기침을 하고 있는 아저씨의 입으로 준이를 던지고는 빠르게 사람들 사이로 몸을 숨겼어요.

미세 먼지 수치가 계절마다 다른 까닭은?

미세 먼지는 계절별로 큰 차이를 보여요. 사계절이 있는 우리나라에서 겨울, 봄에는 대체적으로 미세 먼지가 많고 여름, 가을에는 상대적으로 적어요. 어떤 까닭일까요?

기온 역전(역전층)의 영향

대기 중 기온은 일반적으로 고도가 100m 높아질 때마다 약 0.6℃씩 낮아집니다. 지표면에서 받는 복사열이 높이 올라갈수록 떨어지기 때문이에요. 그런데 거꾸로 고도가 높아질수록 기온이 올라가는 현상이 나타나기도 하는데 이를 '기온 역전'이라 하고, 이 현상이 일어나는 구간을 '역전층'이라고 해요.

대개 더운 공기는 위로, 차가운 공기는 아래로 이동하지요. 그러나 기온 역전이 일어나면 고도가 낮은 쪽에 무거운 공기가, 높은 쪽에 가벼운 공기가 위치해 무게 차에 의한 공기의 위아래 이동이 일어나지 않아요. 그러면 미세 먼지 등 대기 오염 물질이 지상층에 머무르게 되고 계속하여 쌓이면서 그 농도가 짙어져요. 도시에서 발생하는 스모그와 미세 먼지는 역전층의 영향이 커요. 기온 역전은 겨울에 잘 나타나고, 게다가 난방할 때 나오는 오염 물질 등으로 겨울철이 되면 농도 짙은 미세 먼지가 더 자주 발생하게 되는 거예요.

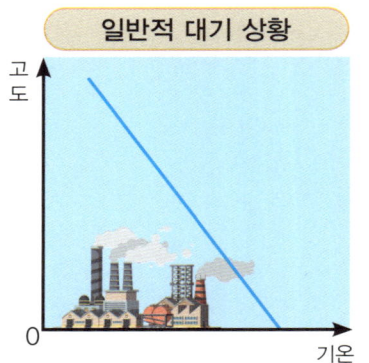
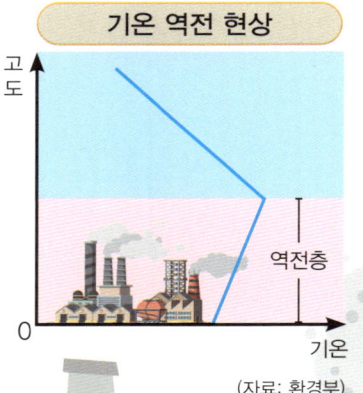

(자료: 환경부)

바람과 기후의 영향

봄에는 서풍이 부는데, 우리나라 서쪽에 위치한 중국의 미세 먼지가 바람을 타고 우리나라까지 이동해 와요. 그리고 건조한 지표면의 영향으로 중국 북부나 몽골의 사막 지대, 황토 고원에서 발생한 황사가 먼 거리를 이동하여 우리나라로 내려오기 때문에 봄에 미세 먼지의 농도가 훨씬 짙어지지요. 우리나라에 영향을 주는 황사는 3~5월경에 많이 발생하는데 때로는 강한 서풍을 타고 우리나라를 거쳐 일본, 태평양, 북아메리카까지 날아가기도 한답니다. 반면 비가 많은 여름철에는 미세 먼지 농도가 옅어져요. 비가 내리면 미세 먼지와 같은 대기 오염 물질이 빗방울에 씻겨 내려가기 때문이에요.
가을에는 미세 먼지가 상대적으로 적은데 이는 다른 계절에 비해 대기의 흐름이 빠르고 순환이 잘 되어서 대기 오염 물질이 위로 올라가 흩어지는 경우가 많기 때문이에요.

겨울철에 난방을 많이 하면 굴뚝에서 나오는 대기 오염 물질이 많아진다.

토론왕 되기!

미세 먼지로부터 저소득 계층을 보호하려면?

지난 2006년부터 2013년까지 국립환경과학원에서 시간별로 측정한 미세 먼지(PM10) 자료와 통계청 사망 원인 통계 등을 분석한 결과, 사회적·경제적으로 열악한 지역일수록 미세 먼지에 따른 위험도가 큰 것으로 나타났어요.
또 최근 국민 건강 보험 공단에서 발표한 자료를 보면 대기 오염으로 천식을 앓는 어린이들이 경제적 형편이 어려운 지역에서 더 많이 나왔어요. 연구팀에서는 경제적 어려움이 클수록 부모가 아이를 돌보는 시간이 적어 아이들이 미세 먼지에 쉽게 노출되고, 공기 청정기 구매가 어려운 것을 이유로 꼽았답니다.
중국도 비슷한 양상을 보이고 있어요. 중국 최대 온라인 쇼핑몰인 '타오바오'에서 구매자의 소득 수준에 따라 2013년 마스크와 공기 청정기의 판매량을 분석했어요. 그 결과 마스크에서는 큰 차이가 없었지만 상대적으로 비싼 공기 청정기 구매에서는 큰 차이를 보였답니다. 높은 소득의 집단과 중간 소득(중위 소득) 집단은 초미세 먼지 농도가 1% 높아질 때마다 공기 청정기 구매량이 20% 늘었지만, 소득이 낮은 집단에서는 구매량의 변화가 거의 없었어요.
또 다른 연구도 있어요. 올해 3월 미국 국립과학원회보(PNAS)에 발표된 자료에 따르면 백인들의 경우, 미세 먼지 배출량 대비 노출량이 17%로 나타났어요. 백인이 100의 초미세 먼지를 만들었다고 할 때 17을 들이마신 거죠. 반

스모그에 휩싸인 미국의 도시, 로스앤젤레스

면에 상대적으로 소득이 낮은 히스패닉(라틴 아메리카계의 미국 이주민)과 흑인은 오히려 배출량보다 노출량이 각각 56%, 63%로 되레 더 높았어요. 미세 먼지는 백인들이 더 많이 만들지만, 피해는 대기 오염이 심한 지역에 사는 히스패닉과 흑인이 더 많이 본다는 거예요.

소득 수준이 낮을수록 미세 먼지의 영향을 더 많이 받는 상황을 개선하기 위해, 여러분이 국회 의원이라면 혹은 대통령이라면 어떤 법과 정책을 만들 수 있을지, 또 우리가 할 수 있는 노력은 무엇인지 이야기해 보세요.

맞는 내용 찾기

다음은 미세 먼지와 관련된 내용입니다.
맞는 부분에 ○표 하세요.

❶ 우리나라의 경우 고농도 미세 먼지는 ....

주로 겨울과 초봄인 12~3월에 나타난다.(   )
주로 여름과 초가을인 6~9월에 나타난다.(   )

❷ 우리나라의 연평균 미세 먼지 수치는 점점 ....

낮아지고 있고.(   )
높아지고 있고.(   )

미세 먼지의 고농도 발생일 수는 점점 ....

줄어들고 있다.(   )
늘어나고 있다.(   )

❸ 나라별로 미세 먼지 농도 수치는 ....

서로 다르다.(   )
서로 비슷하다.(   )

❶ 주로 겨울과 초봄인 12~3월에 나타난다. (○)
❷ 높아지고 있고. (○) / 늘어나고 있다. (○)
❸ 서로 다르다. (○)

정답

🌫️ 미세 먼지가 일으키는 염증

달려온 완이는 눈으로 그 남자를 쫓았지만, 남자는 어느새 사라지고 없었어요.

"무슨 일이야? 준이는 어딨어?"

완이를 쫓아 달려온 보라가 주변을 둘러보며 준이를 찾았어요.

"이분 몸속으로 들어갔어. 집단 '아귀' 짓이야. 우선 준이를 구하자."

옆에서 계속 기침하는 아저씨를 가리키며 완이가 보라에게 말했어요.

보라는 입술을 앙다물고 고개를 끄덕였어요.

"코비, 우리 몸을 작게 해 줘. 우리도 이분 몸속으로 들어가야 해!"

코비가 쏜 광선에 몸이 작아진 완이와 보라는 기침하는 남자의 기관지 속으로 들어가서 있는 힘껏 준이를 불렀어요. 코비도 스스로 몸을 작게 만들고는 따라 들어왔어요.

"준이야~, 준이야! 어딨어?"

"아무래도 혈관을 타고 다니면서, 준이를 찾아봐야겠어. 가자!"

혈관 속에서 보라가 물었어요.

"이 덩어리들은 뭐야? 왜 이렇게 많지?"

"염증이야. 온몸에 염증이 가득해. 계속 기침을 하는 걸 보면서 예상

은 했지만, 특히 폐 쪽이 심각해. 폐 질환도 있지만 짙은 농도의 미세 먼지와 초미세 먼지에 오랫동안 노출이 됐던 것 같아."

완이가 폐를 살피며 말을 이어갔어요.

"눈에 보이지 않을 정도로 작은 초미세 먼지는 몸속에 들어와 혈관을 타고 다니면서 염증을 일으켜. 아까 미세 먼지 농도가 짙어지니 눈이 간지럽다고 했지? 초미세 먼지가 눈에 들어와 눈의 각막에 염증이 생긴 거야. 비염은 코에 생긴 염증이고, 목에 가래가 생기는 것도 염증 때문이지."

그때 코비가 두 눈에서 광선을 쏘아 주변을 밝혔어요.

"이것 봐, 폐에도 염증이 많지? 미세 먼지에 오랫동안 노출되면 호흡기 질환은 물론, 심혈관계 질환, 폐암을 유발할 수 있다는 연구 결과는 이미 많아. 폐암의 경우, 초미세 먼지 농도가 $5\mu g/m^3$만 높아져도 발병률이 18%나 높아지는 것으로 알려져 있어. 기관지에 미세 먼지가 쌓이면 폐에서 산소 교환이 잘 안 되고 호흡량도 줄어들게 돼."

그때 아저씨가 자꾸만 기침을 했어요. 호흡이 곤란한지 가슴도 자꾸만 탁탁 쳤어요. 완이와 보라는 아저씨 움직임에 따라 이리 출렁, 저리 출렁 여기저기 부딪쳤어요. 숨도 잘 안 쉬어졌어요.

"헉헉, 이러다 큰일 나겠다. 코비, 어떻게 좀 해 봐!"

보라가 소리치자, 코비가 아저씨 혈관에 광선을 쐈어요.

 완이의 연구 노트

우리 몸속으로 미세 먼지가 들어오면?

미세 먼지가 몸속으로 들어와 기관지 등에 쌓이면 염증이 생길 수 있어요. 그러면 천식이 생겨서 가래가 끓고 기침이 잦아지며, 세균이 쉽게 침투할 수 있는 조건이 되어서 폐렴 등 감염성 질환의 발병률이 높아져요. 어떤 때에는 가슴이 갑갑하기도 하며 두통 등이 생기기도 해요.

또한 몸속 미세 먼지가 증가하면 폐 기능이 떨어져 특히 호흡기 질병인 천식에 걸리기 쉽고, 만성 호흡기 질환자의 경우는 질병이 더 심해질 수 있어요. 결과적으로 미세 먼지가 많은 지역에서는 사망 위험도도 증가하는 것으로 알려져 있어요. 세계 보건 기구 소속의 국제 암연구소(IARC)에서는 미세 먼지를 1급 발암 물질로 지정했어요.

기침 등 호흡기 질환이 일어남.

눈 등이 따가움.

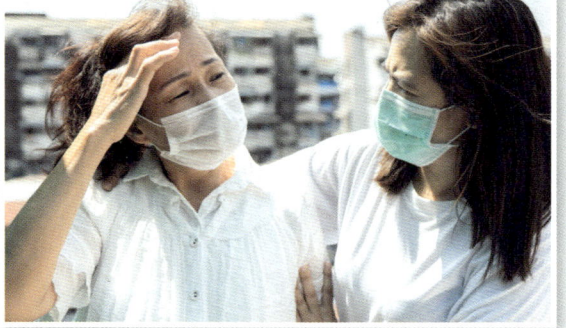
머리가 아픔.

"염증 농도를 낮춰 주는 약을 응급으로 넣었어. 조금만 기다리면 좋아질 거야."

정말로 아저씨의 기침도 멈추고 호흡도 정상으로 돌아왔어요.

"아이고, 이제 좀 살 것 같네. 자, 다시 준이를 찾아보자."

"준이야~, 준이야~! 우리가 왔어!"

보라와 완이의 애타는 외침에도 준이는 나타나지 않았어요.

그때 갑자기 몸속 진동이 크게 느껴졌어요. 쿵쾅쿵쾅 심장 박동 소리였어요. 심장 소리를 듣던 보라가 이상하다는 듯이 완이에게 말했어요.

"심장 박동 소리가 좀 불규칙하고 약하지 않아?"

완이가 말했어요.

"미세 먼지 영향도 있을 거야. 미세 먼지에 수십 년 동안 노출되면 심장으로 가는 혈관이 좁아져서 혈액 공급이 잘 되지 않지. 심장부에 갑자기 심한 통증이나 발작 증상 등이 나타날 수 있고, 사망률도 증가한다고 해. 미세 먼지가 심장 질환으로 인한 사망률에 영향을 미친다는 연구 결과는 이미 전 세계적으로 많지."

완이는 고개를 절레절레 저으며 말을 이었어요.

"중국, 홍콩, 방콕 시민을 대상으로 조사한 연구에서도 미세 먼지가 증가할수록 심장 질환으로 사망할 확률이 0.58% 높아진다고 알려졌고 말이야. 초미세 먼지 농도는 좀 더 영향력이 큰 것으로 밝혀졌어. 또 유

럽에서 진행한 연구에서도 초미세 먼지가 $10㎍/㎥$ 증가할수록 심장 질환으로 인한 사망이 6% 증가한다는 분석이 나왔지."

이야기하는 사이 완이와 보라, 코비는 벌써 심장을 지나왔어요.

"준이가 벌써 이곳까지 내려왔을 리는 없는데, 여기에도 없는 걸 보니, 아무래도 뇌 쪽으로 이동한 것 같아. 뇌혈관 쪽으로 가 보자."

완이 일행은 다시 혈관을 타고 뇌 쪽으로 향했어요. 보라가 코비에게 물었어요.

"코비, 미세 먼지가 뇌혈관에도 영향을 줘?"

"네, 미국 9개 도시에서 뇌혈관 질환으로 입원한 환자들을 대상으로 한 연구를 한 적이 있어요. 연구 결과를 보면 미세 먼지가 $22.96㎍/㎥$ 증가하자, 환자들의 뇌에 혈액 공급이 제대로 되지 않아 손발 마비, 언어 장애, 호흡 곤란 따위를 일으키는 뇌졸중 발생률이 1.03% 증가했다고 해요. 미세 먼지가 영향을 미치는 거죠."

"와, 정말 미세 먼지가 우리 몸에 미치는 영향이 크구나."

"지난 2016년 세계적인 과학 학술지 〈사이언스〉에 소개된 연구 결과도 있어요. 미세 먼지에 장기간 노출될 경우, 뇌세포가 파괴되면서 치매 같은 질환이 나타날 수 있다는 결과를 담았죠."

그때 혈관 밖에서 이상한 소리가 들렸어요.

"가만, 무슨 소리가 들려. 코 쪽인 것 같아!"

런던 스모그 사건

미세 먼지가 건강에 끼치는 나쁜 영향을 보여 준 가장 대표적인 예입니다. 1952년 영국의 도시 런던에서는 추운 날씨로 석탄 난방이 급증하고 한동안 바람이 불지 않았어요. 그러자 석탄을 태운 뒤에 나오는 연기와 그을음이 안개와 섞여 산성이 아주 강한 황산 안개가 되어 런던 시내를 뒤덮었어요. 한치 앞도 보기 어려울 정도의 이 스모그(자동차의 배기가스나 공장에서 내뿜는 연기가 안개와 같이 된 상태) 현상은 닷새 동안 이어졌고 호흡 곤란 등의 질환으로 4000명 이상이 목숨을 잃었어요. 이듬해까지 폐렴, 심장 질환 등을 앓는 사람들 위주로 8000명 이상이 추가로 목숨을 잃었고, 10만여 명의 사람들이 호흡기 질환을 앓았답니다. 당시 미세 먼지 농도가 현재 우리나라에서 미세 먼지가 심한 날의 40~50배에 이르렀다고 하니 얼마나 심각한 상황이었는지 짐작할 수 있겠죠? 대부분의 사망자는 어리거나, 나이가 많거나, 만성 호흡기 질환자였어요. '그레이트 스모그'라고 불리는 이 사건은 세계적으로 큰 충격을 주었고, 스모그의 위험성을 널리 알리는 계기가 되었어요.

스모그로 뒤덮인 런던

완이가 다급한 목소리로 외쳤어요.

"코? 그래! 준이가 콧속에 걸렸을지도 몰라. 가 보자!"

잠시 뒤, 완이와 보라는 진짜로 아저씨 콧털 속에 파묻혀 발버둥치고 있는 준이를 발견했어요.

애타게 준이를 찾았던 완이와 보라, 코비였지만 준이를 보자 웃음이 터져 나왔어요.

"준이야, 여기서 뭐하는 거야? 하하하!"

보라는 깔깔대고 웃었지만 완이와 코비는 가까스로 웃음을 참고 있었어요.

"하도 발버둥질해서 이제 대꾸할 힘도 없어! 우선 꺼내 줘!"

준이가 울상을 지으며 말했어요. 셋은 힘을 합쳐 콧털 속에 갇힌 준이를 꺼냈어요.

"어떻게 된 거야?"

보라가 묻자, 준이가 한숨을 쉬고 말했어요.

"세상에, 이 아저씨, 콧털이 정말 많더라고. 그런데 더 큰 문제는 먼지였어! 미세 먼지 농도가 높은 곳이어서 그런지 먼지들까지 빽빽하게 차 있었어. 먼지가 콧털 속에서 뭉치면 뭐가 되는지 아니?"

준이의 질문에 완이는 가까스로 참던 웃음을 터뜨렸어요. 너무 웃느라 얼굴이 새빨개질 지경이었지요. 그 모습을 본 준이가 말했어요.

"다들 알고 있구나. 그래, 맘껏 웃어! 바로 너희가 생각하는 바로 그 엄청난 코딱지들 때문에 나오질 못했다고!"

준이의 말에 모두들 다 같이 깔깔대며 웃었어요.

그러다가 문득 준이가 의아한 표정을 지으며 완이에게 물었어요. 아까부터 묻고 싶었거든요.

"참, 그런데 그 검은 양복 입은 사람은 뭐야? 나한테 왜 그러는 거야? 혹시 아는 게 있어?"

완이가 말했어요.

"집단 '아귀'인 것 같아. 지구가 우리 별처럼 되길 바라는 집단이지. 미세 먼지를 줄이기 위해 노력하는 나라의 정부나 사람들의 움직임을 막으려고 온갖 방법을 다 쓰는 자들이야. 그들의 이익을 위해서 욕심이 많은 기업가, 정치인, 언론인 등을 뒤에서 조종하지. 그들은 요원들을 고용해서 변장시키고 우리처럼 미세 먼지 문제를 공부하는 어린이들까지 방해하려고 하는 거야."

"음, 아주 나쁜 사람들이구나."

"자세한 이야기는 나가서 하자, 우선 이곳을 빠져나가자고!"

그때 준이가 손사래를 치며 말했어요.

"좋아, 다만 콧구멍으로는 나가지 말자. 콧구멍은 정말 싫어. 다른 구멍으로 나가자고!"

준이의 말에 다시 한번 다 같이 웃었어요.

"알았어, 입으로 나가자. 코비야, 코를 좀 간지럽혀 줘. 이분이 재채기를 할 때, 그때 나가는 거야. 준비됐지?"

이윽고 아저씨가 재채기를 하자 준이 일행은 다시 밖으로 나왔어요. 그리고 코비의 광선을 받고 다시 커졌어요.

해양 생태계를 파괴하는 미세 먼지

준이 일행은 어느 바닷가 근처의 마을에 이르렀어요.

"윽, 근데 저 바다는 왜 저렇게 붉은색이야?"

준이의 질문에 코비가 답했어요.

"여러 이유가 있지만 미세 먼지 때문이기도 해요."

"미세 먼지가 사람에게만 영향을 끼치는 게 아니구나!"

준이가 말했어요. 이때 보라가 불현듯 무언가가 생각난 듯 말했어요.

"생각해 보니 뉴스에서 본 적이 있어. 우리나라 주변 해안에 질산염 농도가 빠르게 오르고 있대."

코비가 설명을 덧붙였어요.

"맞아요. 1980년대 동해 기준으로 1μmol(마이크로몰)이던 것이 2018년에 8μmol로 증가했어요. 제주 주변 바다와 서해도 농도가 네 배 높아졌는데 그 이유는 자동차와 공장 매연의 주성분인 황산염, 질산염 같은 질소 산화물 때문이래요. 대기 중에 있는 미세 먼지 속 질소 산화물이 바다에 녹아들면서 물속 질산염의 농도가 높아진 거죠."

준이가 되물었어요.

"질산염 농도가 높아졌다고 저렇게 바다가 빨갛게 된다고?"

"적갈색이나 분홍색 색소를 가지고 있는 플랑크톤인 와편모 조류가 증가해서야. 이걸 '적조'라고 해. 바다에 질소량이 증가하면 질소가 주요 먹이인 와편모 조류가 엄청 늘어나지. 문제는 와편모 조류의 수가 많아지면서 생태계 균형이 깨지는 거야. 많은 양의 플랑크톤이 광합성을 하면서 유기물을 만들고, 이를 박테리아가 분해하는 과정에서 산소가 줄어들면 물고기가 죽게 돼. 이 중 코클로디니움이라는 종은 독성이 있는 점액질이 강해서 양식장 물고기를 두세 시간 안에 몽땅 질

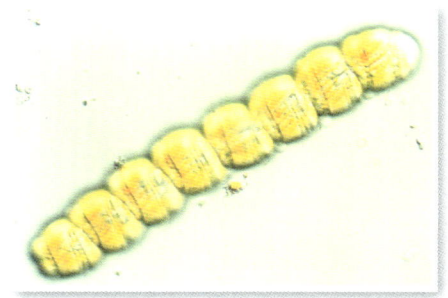

코클로디니움 촬영 사진(자료: 한국 해양 과학 기술원)

식시킬 수 있어. 어패류도 영향을 받아. 먹이를 잡기 위해 물을 빨아들이는 과정에서 와편모 조류를 먹고 독소에 중독돼 죽는 거지. 악순환이 이어지는 거야."

적조 현상이 일어난 바다

완이의 설명이 끝나자 코비가 덧붙였어요.

"해양 생태계뿐만이 아니에요. 미세 먼지 때문에 생기는 산성비도 생태계에 큰 피해를 주지요. 산성비는 공장이나 자동차에서 석유나 석탄 등의 연료를 태울 때 나오는 대기 오염 물질이 대기 중의 수증기와 만나서 황산, 질산, 염산과 같은 강한 산성으로 변하면서 비에 섞여 내리는 것을 말해요. 비는 보통 수소 이온 농도 지수(pH) 5.6~6 정도의 약한 산성을 띠는데, 산성비는 이 숫자 이하로 산성이 높은 비예요."

열심히 듣고 있던 준이가 결심한 듯 말했어요.

"미세 먼지가 우리 몸에 들어갔을 때나 해로운 줄 알았지, 생태계에도 나쁜 영향을 주는지 몰랐어. 해양 생태계도, 나무도, 농작물도 결국 다 우리와 관련이 있잖아. 내가 너무 안일하게 생각했어. 지금이라도 미세 먼지가 만들어지는 원인들을 알고 내가 할 수 있는 걸 하겠어!"

미세 먼지는 인체에 어떤 영향을 미칠까?

인간을 비롯한 모든 생명체는 공기를 마시며 살아가야 해요. 공기 중에 떠돌아다니는 아주 작은 미세 먼지는 인체 곳곳에 들어가 많은 질환을 일으키지요. 특히 노인, 유아, 임산부나 심장, 호흡기 질환자 등 면역력이 약한 사람은 보통 사람보다 미세 먼지의 영향을 더 많이 받을 수 있으므로 주의해야 해요.

미세 먼지가 인체에 미치는 영향

눈
눈의 각막에 붙어 염증을 일으키고 눈물샘을 손상시킴.

뇌
뇌세포를 손상시켜 기억력을 떨어뜨림.

코
알레르기성 비염이 생겨 콧물이 흐르고 두통이 생김.

심장
부정맥, 심근 경색 등 심장 질환을 일으킴.

혈관
혈관에 붙어 혈액의 흐름을 방해하고 혈관을 좁게 함.

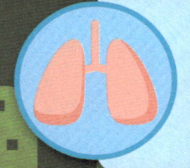
폐
폐포(허파 꽈리)의 기능을 떨어뜨려 만성 기침, 호흡 곤란 등의 폐쇄성 폐 질환을 일으킴.

미세 먼지가 기후 변화도 일으킨다?

초미세 먼지 중 하나인 블랙 카본(Black Carbon)은 석탄, 석유, 나무 등 탄소를 포함한 물질이 불완전 연소할 때 나오는 그을음을 말해요. 경유차가 내뿜는 검은 매연이 대표적이에요.

전체 초미세 먼지 양의 10~15%를 차지하는 블랙 카본은 이산화탄소 다음으로 지구 온난화를 더 심해지게 하는 물질이에요. 입자가 까매서 태양 복사 에너지를 더 잘 흡수해요. 주로 햇빛의 가시광선을 흡수한 뒤 적외선으로 바뀌어 배출되는데 이때 열을 함께 내보내기 때문에 대기를 뜨겁게 한답니다. 특히 중국에서 바람을 타고 넘어오는 블랙 카본은 농도가 짙어서 대기를 더 뜨겁게 한다고 해요.

반대로 또 다른 미세 먼지가 포함된 에어로졸(연무질)은 태양에서 오는 빛을 반사해 지구의 온도를 낮추기도 해요. 에어로졸은 지구 대기 중을 떠도는 미세한 고체 입자 또는 액체 방울을 뜻해요. 자연에서 만들어지는 것으로는 구름·연기·안개 등이 있고, 인공적인 것들로는 대기 오염 물질·스모그 등이 있어요.

이산화황에서 만들어지는 황산염 에어로졸이 특히 햇빛 반사율이 높은 것으로 알려졌어요. 대기 오염을 일으키기도 하지만 지구의 온난화를 늦추는 역할을 하기도 해요. 미세 먼지가 기후에도 영향을 미친다는 것을 알 수 있어요.

공장 매연에서 나오는 블랙 카본(그을음)

블랙 카본이 아시아의 여러 지역으로 퍼지는 모습(미국 항공 우주국 제공)

인도 북부 지역과 방글라데시가 에어로졸에 오염된 모습

'바다의 허파' 산호를 아시나요?

'바다의 꽃'이라 불리는 예쁜 산호는 색색의 화려한 모습이 언뜻 식물처럼 보여요. 사실 산호는 말미잘, 해파리처럼 주머니 모양의 강장과 입, 촉수를 가진 자포동물에 속해요. 산호가 모여 있는 산호 군락은 수백 년에서 수천 년 동안 자란 것이라고 합니다. 주로 열대와 아열대 지역에 많이 퍼져 있으며, 우리나라에도 약 160여 종의 산호가 살고 있는데, 제주도 바다에 사는 산호만 129종이나 된다고 해요. 그러면 산호는 바다에서 어떤 역할을 할까요?

우선 산호는 많은 바다 생물의 보금자리입니다. 산호가 차지하는 면적은 전 세계 해저의 0.1%도 안 되지만, 전 세계 물고기의 1/4에 서식지를 제공한다고 합니다. 또한 많은 양의 산소도 공급합니다. 광합성을 통한 산호의 산소 생산량은 엄청나서 '바다의 허파'라고 불릴 정도지요.

그런데 수천 년 동안 살아온 산호가 멸종 위기를 맞게 되었다고 해요. 어떤 이

바다의 허파 역할을 하는 아름다운 산호

유에서일까요? 산호는 그 안에 미생물인 '조류'를 품고 있어요. 조류는 산호 안에서 살아가면서 광합성을 해서 영양분과 산소를 배출하고, 산호는 그 조류가 배출한 영양분을 먹고 조류의 먹이인 이산화탄소를 내보

죽은 산호

내며 서로 도움을 주는 관계예요. 그런데 기후 변화에 따른 지구 온난화로 수온이 높아지고, 산호가 스트레스를 받아 조류를 뱉어 내면 산소와 영양분을 배출하지 못하고 하얗게 변하면서 죽어 버립니다. 이것을 '백화 현상'이라고 해요. 또한 지구 대기를 오염시키는 이산화탄소, 메테인 같은 온실가스가 바다로 흡수되고, 바닷물이 산성화되는 것도 산호의 생존을 위협하고 있어요.

유엔 생물다양성 과학기구(IPBES) 총회에서 2019년 6월 채택된 보고서에 따르면, 전 세계 산호초의 약 33%가 멸종 위기에 놓여 있다고 합니다. 특히 세계에서 가장 큰 규모의 산호 군락인 호주 북동쪽 해안 그레이트 배리어 리프(대보초)의 3분의 1은 이미 죽어 있을 정도로 심각한 상황입니다.

대기 오염으로 죽어가고 있는 산호를 보호하기 위해 우리가 할 수 있는 일에는 무엇이 있는지 이야기해 보세요.

알맞은 낱말 쓰기

미세 먼지와 관련된 설명의 빈곳에 알맞은 말을 써 보세요.
초성 힌트를 참조!

1 미세 먼지는 지구 온난화를 심해지게 하는 등 (   ) 변화에도 영향을 끼친다.

ㄱ ㅎ

2 미세 먼지 속 (   ) 산화물이 바다에 녹아들면 와편모 조류의 수가 많아지고 바닷물 안의 산소가 줄어들어 많은 생물이 죽게 된다.

ㅈ ㅅ

3 미세 먼지 때문에 생기는 산성비도 호수 (   )에 큰 피해를 준다.

ㅅ ㅌ ㄱ

4 초미세 먼지의 경우, 몸속에 들어와 혈관을 타고 다니면서 (   )을 일으킨다.

ㅇ ㅈ

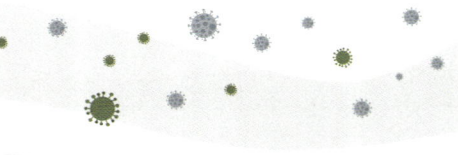

정답: ① 기후 ② 질소 ③ 생태계 ④ 염증

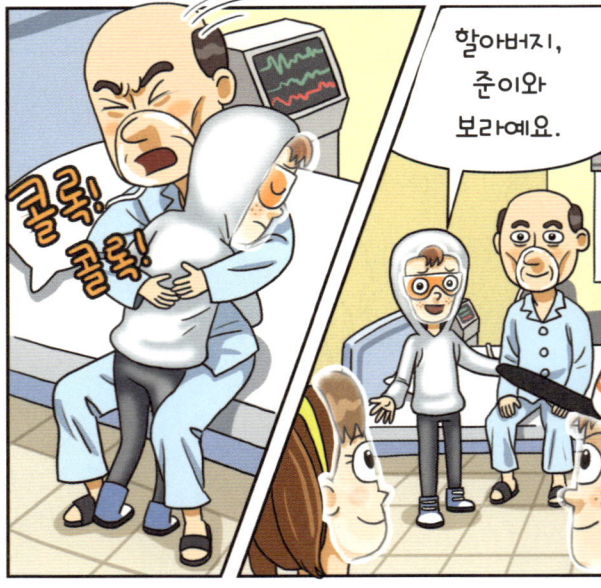

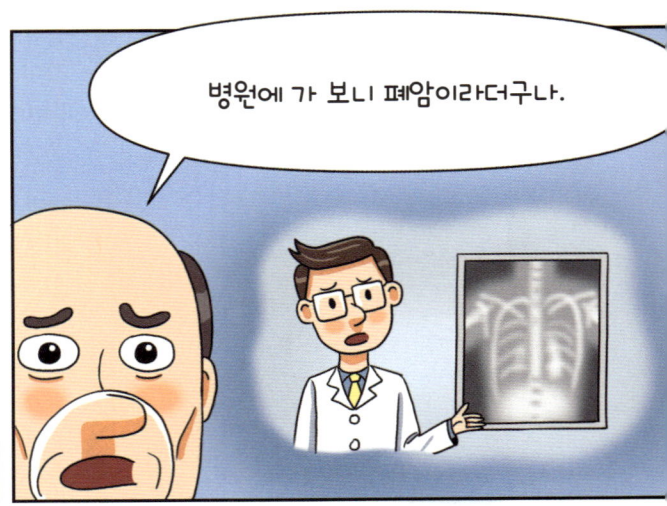

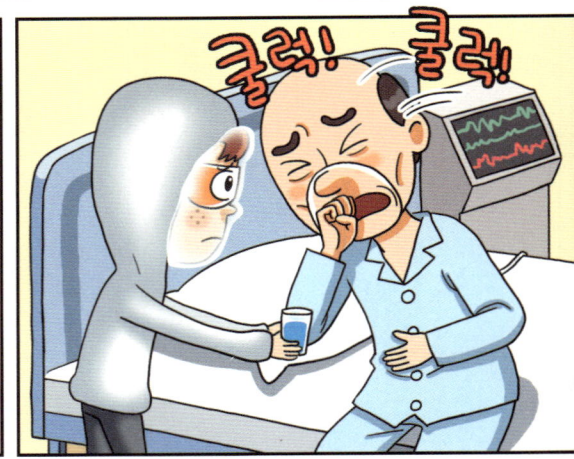

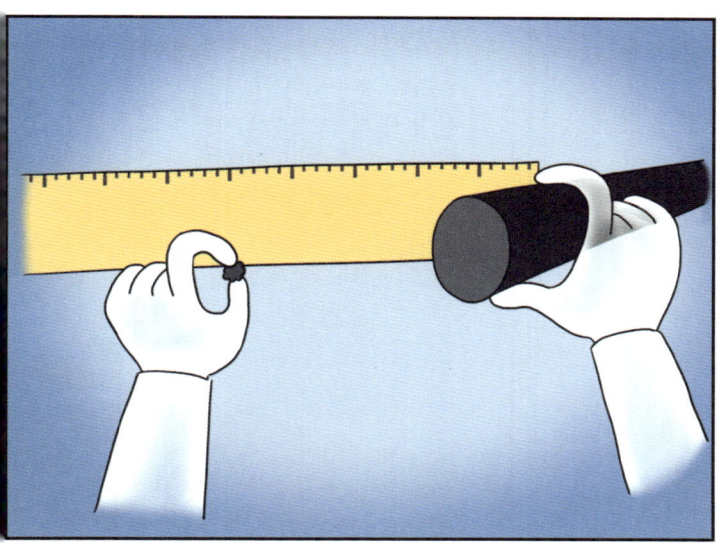

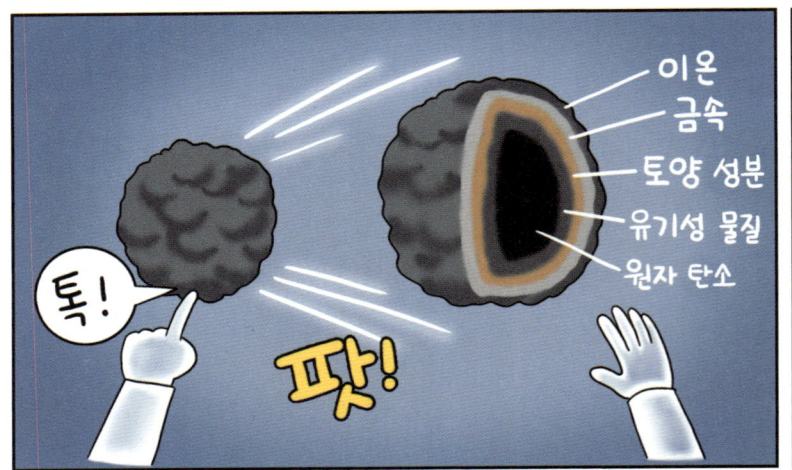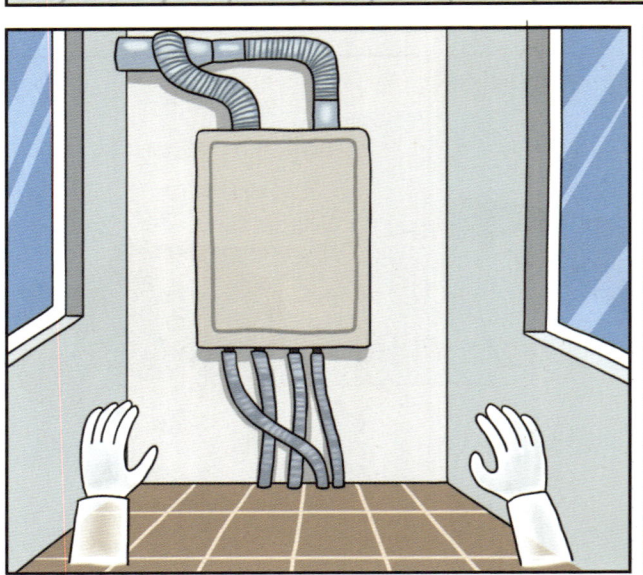

🌫 미세 먼지를 가장 많이 배출하는 것은?

 이전과 달라진 준이를 보며 보라는 준이의 한 손을 부여잡았어요. 이어 완이가 감동받은 표정으로 다른 한 손을 잡았어요. 준이는 부담스럽다는 표정으로 어색한 웃음을 지으며 말했어요.
 "아하하하……, 좀…… 놔 줄래? 미세 먼지의 원인에 대해 알아보자고! 응?"
 그러자 보라와 완이는 준이의 손을 놓으면서도 여전히 뿌듯한 표정으로 바라봤어요.
 "좋아, 준이 마음이 변하기 전에 빨리 알아보자! 원인을 알아야 대책도 세우지! 코비, 우리 체험 학습을 한번 해 볼까?"

장난 가득한 완이의 표정에 코비는 처음에는 난감한 표정을 짓더니 이내 못 이기겠다는 표정으로 고개를 끄덕였어요. 그러자 주변이 순식간에 검은 연기로 가득 찼어요. 이어 연기를 뚫고 완이의 목소리가 들렸지요.

"다들, 조심해~!".

"으앗! 이게 뭐야? 우리 지옥에 온 거야?"

준이가 놀라 소리쳤어요.

"다들 어디 있어? 연기가 자욱해서 잘 안 보여."

보라의 목소리도 들렸어요.

"애들아, 이건 증강 현실이야. 학습 효과를 높이기 위해 현장으로 직접 왔지. 한국의 경우, 미세 먼지 배출량의 가장 큰 부분을 차지하는 게 바로 공장 시설이야. 전체 38%지. 그래서……! 우린 공장 굴뚝 위에 와 있어. 공장 매연이……, 쿨럭쿨럭. 이 매연이 공기 중으로 이렇게 나가는데 공기가 깨끗할 리가 없지. 두 번째로 배출량이 많은 곳도 산업과 관련이 있어. 건설 기계, 선박 등이 원인이거든. 여기서 질문, 그 다음으로 미세 먼지를 많이 배출하는 게 뭘까?"

그때 보라가 연기 속에서 말했어요.

"나! 나! 정답은 발전소야. 화력 발전소!"

준이도 질세라 답했다.

"자동차 아냐? 서울은 주말이면 길이 꽉 막힐 정도로 차가 많고, 모두 매연을 내뿜잖아!"

완이가 놀랍다는 표정으로 답했어요.

"오~, 둘 다 맞아! 세 번째가 발전소고, 그 다음이 경유차야. 물론 준이 말대로 수도권에서는 경유차가 미세 먼지를 만들어 내는 가장 큰 원인이야. 그럼 다음 문제~! 이 원인들의 공통점은?"

완이의 질문에 갑자기 조용해졌어요. 완이가 말했어요.

"뭐야~ 아까 열심히 설명한 건데! 힌트를 줄게. 미세 먼지 성분이 흙먼지와 다른 이유가 무슨 과정 때문이라고 했는데, 그 과정은?"

둘의 표정을 살피더니, 완이가 덧붙였어요.

"조금 더 힌트를 주자면, 석유 같은 연료가 자동차 안에서 어떻게 될까?"

그때 보라의 눈이 반짝이더니 이내 큰 소리로 말했어요.

"응! 왜 이게 바로 생각 안 났는지! 정답은……."

뜸을 들이던 보라에게 질세라 준이가 답변을 가로채면서 말했어요.

"연소 과정! 보라야~, 우리 이걸 왜 까먹고 있었냐? 헤헤. 미세 먼지는 연소로 생긴 황산화물, 질소 산화물 등이 대기에서 화학 반응을 일으켜 미세 먼지, 초미세 먼지로 바뀌는 거야."

"그렇지. 이렇게 발생한 미세 먼지가 전국적으로 72%를 차지해. 이게 바로 한국의 미세 먼지를 줄일 방법의 핵심 열쇠지."

우리 집 공기, 환기가 중요해요

우리는 실내에서 대부분 문을 닫아 두고 생활해요. 그런데도 실내 공기가 오염되는 이유는 뭘까요?

우선 요리 과정에서 연소가 일어나기 때문이에요. 음식 재료를 굽거나 볶는 등의 과정에서 이산화탄소가 나오고, 산소가 부족하면 불완전 연소가 되면서 일산화탄소가 나오죠.

이외에도 에어컨과 화장실 등에 있는 곰팡이, 가구에 바른 페인트나 방향제, 모기약 등과 같은 화학 제품에서 나온 유해 물질이 공기 중에 떠다닌답니다. 또 바닥의 갈라진 틈으로 사람 몸에 해로운 라돈이 나올 수 있어요. 실내 오염 물질을 줄이는 가장 빠르고 쉬운 방법은 환기예요.

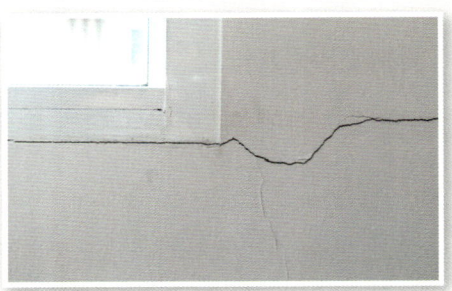

 하루 세 번 이상 30분씩 환기해요. 오전 10시~오후 9시 사이가 좋아요.

 집 안의 창과 문을 모두 활짝 열어요. 환풍기나 팬 후드를 같이 작동하면 좋아요.

 서로 가장 먼 창문을 열어 공기의 흐름을 만들어요. 유해 가스와 묵은 공기 제거에 좋아요.

 비가 갠 후에는 꼭 환기해요. 비가 온 후에는 대기 상태가 쾌적해요.

🌫 국내 미세 먼지 발생의 40~50%는 중국발

그때 보라가 끼어들어 말했어요.

"흠흠, 또 하나의 핵심 키워드가 있지! 그건 뭘까?"

보라가 준이를 빤히 쳐다보며 질문했어요.

준이가 당황해서 말했어요.

"나? 흠, 흠……, 힌트 좀……!"

준이가 부끄러운 표정으로 보라를 향해 말했어요.

"힌트는 질문으로 할게. 미세 먼지 수치가 우리나라만 안 좋을까? 우리나라의 공장 매연과 자동차 배기가스만 줄이면 공기가 깨끗해질까? 바람은 어디서 어떻게 불어올까?"

준이는 여전히 끙끙거리며 답을 생각했어요. 그러자 완이가 힌트를 덧붙였지요.

"실제 한국 정부는 미세 먼지 발생 원인이 계절이나 기압, 기온 등의 기상 조건에 따라 다르지만 '이 나라'의 영향력이 연평균 30~50%, 농도가 높을 때에는 60~80% 되는 것으로 추정하고 있어. 미국 항공 우주국에서도 2016년도 5~6월 사이 측정한 미세 먼지 오염원을 분석한 결과 한국의 경우 이 나라 등 국외 영향이 48%, 국내 배출이 52% 정도 된다고 발표했지. 이 나라는 한국과 지리적으로도 아주 가까워."

 골똘히 생각 중인 준이를 향해 코비가 세계 지도 입체 영상을 공중에 띄우고는 말했어요.

 "우리나라와 가깝다면……?"

 준이는 코비의 질문에 고개를 들어 지도를 보더니 손뼉을 치고는 말했어요.

 "중국! 중국이야! 중국 고비 사막에서 부는 바람 때문에 우리나라의 봄철 황사가 심하다고 배웠어. 미세 먼지도 당연히 중국의 영향을 받겠지! 그렇지?"

 '와~!' 하며 보라와 완이가 준이의 손을 잡고 빙글빙글 돌며 정답을

맞춘 준이를 축하했어요.

완이가 덧붙였어요.

"국립 환경 과학원에서 조사한 결과, 중국이 한국에 미치는 미세 먼지 영향력은 평균 40~50%라고 해. 중국뿐 아니라 몽골, 러시아 등의 영향도 있지만, 그중 특히 중국에서 발생하는 미세 먼지의 영향이 큰 것으로 알려졌어. 겨울에 부는 편서풍의 영향도 컸지. 아까 말한 것처럼 서풍이 불 땐 한국의 미세 먼지 농도가 올라가."

"중국 미세 먼지의 영향이라는 건 어떻게 알아?"

준이가 질문했어요.

"미세 먼지의 국외 영향력을 분석하는 방법은 크게 두 가지야. 하나는 미세 먼지가 발생한 날 기류의 방향과 궤적을 추적하는 거야. 다른 하나는 수집한 미세 먼지의 성분을 분석하는 건데, 국립 환경 과학원에서는 두 번째 방법으로 분석했어. 코비 성분표를 띄워 줘."

그러자 공기 중의 미세 먼지가 크게 확대돼 나타났어요. 준이가 신기한 듯 손가락을 가져다 대자 '질산염'이라는 글자와 함께 $26.2\mu g/m^3$라는 숫자가 생겼어요. 이어 다시 손가락을 대자 '유기 탄소' $19.1\mu g/m^3$이라고 떴어요. 완이가 설명했어요.

"지난 겨울철에 수집한 미세 먼지의 성분표야. 질산염과 유기 탄소의 양이 평소의 세 배로 나타났어. 평소보다 높은 수준이었지."

"그게 중국과 무슨 관련이 있는 건데?"

"중국발 미세 먼지는 특징이 있어. 나무나 숲을 태울 때 나오는 유기 탄소와 경유차에서 많이 나오는 질산염, 석탄 같은 고체 연료를 사용할 때 나오는 황산염이 많지. 이를 통해 중국 미세 먼지의 영향력이 얼마나 큰지 알 수 있는 거야."

코비가 덧붙여 말했어요.

"지난 2017년에 한국에서 미세 먼지 농도를 낮추기 위해 오래된 화력발전소의 가동을 대대적으로 중단한 적이 있었어요. 그런데 미세 먼지가 겨우 1.1% 감소했죠. 중국 등 다른 나라의 영향력이 너무 컸기 때문이었어요. 미세 먼지를 줄이는 데 있어 국제적인 협력이 절실한 이유죠."

준이와 보라가 고개를 끄덕이자 증강 현실이 사라졌어요. 그때 교실 안을 엿보는 검은 양복의 사내가 준이의 눈에 띄었어요.

"어? 저 사람은……."

준이가 소리치더니 교실 밖으로 뛰쳐나갔어요.

"준이, 무슨 일이야?"

완이와 보라도 준이를 따라 교실 밖으로 뛰어갔어요. 검은 양복의 사내는 황급히 화장실 쪽으로 도망쳤어요. 모두 화장실 입구로 뛰어갔지만 검은 양복의 사내는 보이지 않았어요. 준이가 말했어요.

중국에서 넘어오는 미세 먼지

중위도 지역에 위치한 우리나라는 1년 내내 중국에서 불어오는 편서풍의 영향을 받고 있어요. 미세 먼지 역시 세계 최대의 공업국인 중국의 공장에서 배출하는 대기 오염 물질의 영향을 많이 받고 있지요. 이는 인공 위성 시스템을 통해 황산염, 일산화탄소, 미세 먼지 농도 추이를 직접 관찰하여 알 수 있어요.

중국의 공업 지대

중국에서 발생한 황사의 영향을 받은 동해와 황해가 황사로 덮여 있다.

"얘들아, 이것 봐, 이 팔찌 보이지? 아까 나한테 광선을 쏜 사람이 교실 밖에 있다가 여기로 도망쳤거든. 그 사람이 차고 있던 팔찌야. 급하게 도망치다가 빠뜨렸나 봐."

준이는 팔찌를 주워 들고 여기저기 살폈어요. 팔찌에는 버튼이 하나 있었어요.

"이게 뭐지?"

준이가 무심코 버튼을 눌렀어요. 그러자 화장실 문 뒤로 새로운 포털이 열렸어요. 다들 아무 말 없이 서로의 얼굴만 쳐다봤어요.

그때 준이가 단호한 표정으로 입을 뗐어요.

"가 보자, 저들이 계속 있는 한, 완이의 별은 앞으로도 미세 먼지를 해결하는 데 어려움을 겪을 거야. 지구도 마찬가지고 말이야. 또 무슨 일을 꾸미려는 게 분명해."

미세 먼지는 어떻게 만들어질까?

미세 먼지는 흙먼지, 바닷물에서 생기는 소금, 식물의 꽃가루 등에서 자연적으로 생기기도 하지만, 사람들의 활동 속에서 더 많이 만들어져요. 어떤 활동 속에서 생겨날까요?

공장 굴뚝의 매연
우선 공장에서 석탄, 석유 등의 화석 연료를 태울 때 생기는 매연이 공기 중의 다른 물질과 반응해서 미세 먼지가 만들어져요. 우리나라의 경우 이 미세 먼지가 꽤 많은 비중을 차지한다고 해요.

교통수단에서 나오는 먼지
미세 먼지가 발생하는 큰 원인 중의 하나로 자동차나 선박 같은 교통수단의 배기가스에서 만들어지는 미세 먼지를 들 수 있어요.

건설 현장에서 만들어지는 먼지

공사장이나 도로 등에서 먼지가 날리면서 생기기도 하는데, 이 양 또한 매우 많다고 해요.

일상생활 속에서 만들어지는 먼지

우리가 일상생활을 하는 가운데에서도 미세 먼지가 만들어져요. 가스레인지나 그릴, 오븐 등의 가스 불을 켜고 음식을 만들 때도 미세 먼지가 만들어지는데, 삶을 때보다는 굽거나 튀길 때 미세 먼지가 더 많이 생겨요. 담배를 피울 때 나는 연기 속에서도 미세 먼지가 만들어지고, 쓰레기를 태울 때도 해로운 물질이 잔뜩 들어 있는 미세 먼지가 배출된답니다.

미세 먼지와 국제 사회 협력

요즈음 미세 먼지에 대한 관심이 높아지면서 중국발 미세 먼지를 둘러싸고 논란이 많아요. 특히 최근 몇십 년 동안 산업과 경제가 빠르게 발전한 중국에서 자동차, 화력 발전 등이 엄청나게 늘어나면서 많은 양의 미세 먼지를 배출하고 있어요. 이 때문에 중국 본토는 물론이거니와 우리나라에서도 2013년도부터 고농도 미세 먼지가 증가하고 있어요. 그래서 환경 전문가들은 중국의 협조 없이는 미세 먼지 문제 해결에 한계가 있을 것으로 전망해요.

다행히 중국이 대기 오염 개선을 위해 2017년 9월 미세 먼지 배출량 감축 목표를 강화한 '미세 먼지 종합 대책'을 발표했어요. 고농도 미세 먼지가 자주 발생하는 지역을 중심으로 석탄 발전 비율을 낮춰 가는 등 실질적으로 미세 먼지를 줄일 수 있는 방법을 담았다고 해요. 또 우리나라, 중국, 일본 등의 동북아시아 지역은 지리적으로 가깝기 때문에 늘 서로 오염 물질의 영향을 주고받을 수 있다는 점을 고려해 장기적으로 미세 먼지를 줄일 수 있는 다양한 국제 협력 사업을 실행해 나갈 예정이라고 합니다.

중국과 한반도의 대기가 서로 영향을 주고받는 것을 부정하는 환경 문제 전문가는 거의 없어요. 그래서 "효과적으로 미세 먼지를 줄이려면 국내의 저감 노력뿐 아니라 국제 사회와의 협력도 중요하다."고 강조해요.

미세 먼지가 심한 도시에서 마스크를 쓰고 있는 한 여인

미세 먼지가 어디에서 어떻게 만들어지는지 아는 것은 매우 중요합니다. 하지만 미세 먼지 문제를 풀기 위해서는 국제 사회가 함께, 어떻게 해결해 나갈 것인지 의논하고 실천해 나가는 것이 더 중요하다고 볼 수 있어요.

동북아시아 나라들이 함께 미세 먼지를 풀기 위해 어떻게 해야 할지 친구들과 토론해 봅시다.

빈칸 채우기

다음은 미세 먼지에 관련된 내용이에요.
빈 곳에 알맞은 말을 골라 보세요

1 ( )에 미세 먼지 수치가 높아지는 것은 난방 기구 사용 증가 등으로 석유나 석탄 같은 연료를 많이 쓰기 때문이다.
① 여름 ② 겨울

2 우리나라 미세 먼지 농도에 가장 큰 영향을 주는 요인 중 하나는 중국의 몇몇 도시와 황사의 근원지로 꼽히는 내몽고 쪽에서 불어오는 ( ) 때문이다.
① 편서풍 ② 북서풍

3 자동차나 선박 등에서 나오는 ( )도 미세 먼지 발생의 주요한 원인이다.
① 배기가스 ② 연탄 가스

4 실내 공기를 깨끗하게 하기 위해서는 ( )를 잘 해야 한다.
① 요리 ② 환기

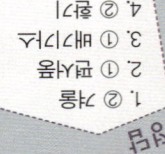

정답
1. ② 겨울
2. ① 편서풍
3. ① 배기가스
4. ② 환기

🔘 깨끗한 공기를 위한 노력

포털을 통과한 준이와 보라, 완이와 코비는 주변을 둘러보고는 마스크를 벗고 숨을 크게 들이쉬었어요.

보라가 말문을 열었어요.

"우와, 저 산 남산과 똑 닮았다. 여기서도 깨끗하게 보여……. 여긴……, 어디지? 서울 풍경이 비슷하면서도 다르네."

완이와 코비는 화면에 우주 지도를 띄워 보고는, 심각하게 대화를 하더니 준이와 보라에게 말했어요.

"우리……, 또 다른 우주에 온 것 같아!"

준이와 보라는 그 말에 눈이 휘둥그레졌어요. 보라가 소리쳐말했어요.

"또 다른 우주라고? 도대체 우주가 몇 개야? 그럼 여기에 또 다른 준이도 있는 거야?"

완이가 보라를 보고 말했어요.

"아마도, 그럴 가능성이 높아. 그런데 이 곳, 공기가 흠……, 나쁘지 않은데?"

완이가 코를 쿵쿵대며 공기 냄새를 맡더니 말했어요.

"우리 별에서는 전혀 상상도 할 수 없는 정도야. 코비, 수치 좀 확인해 줘."

그때 완이의 뒤에서 낯이 익은 목소리가 들렸어요.

"미세 먼지 $38 \mu g/m^3$, 초미세 먼지 $18 \mu g/m^3$야."

목소리의 주인공은 손목에 찬 시계의 버튼을 누르더니, 보고 있던 화면을 공중에 띄웠어요. 그 곳에는 미세 먼지와 초미세 먼지 농도가 적혀 있었어요.

"이 목소리는 어디서 많이 듣던 목소리인데. 혹시?"

완이와 눈이 마주친 그 소년 또한 놀란 목소리로 물었어요.

"너희들은……, 누구야? 나랑 왜 이렇게 닮았어?"

그러더니 이내 어떤 답변을 떠올린 듯, 반가운 표정으로 완이에게 다가와 말했어요.

"설마, 설마……, 다른 우주에서 온 거야? 다른 우주에 또 다른 내가 있을 것이라 생각은 해 봤지만, 실제 만나다니 반가워! 나는 강이야."

낯익은 목소리의 주인공은 강이라는 아이였어요. 이 우주의 또 다른 준이와 완이였지요.

"반가워. 나는 완이야. 다중 우주에 대해 알고 있구나. 이쪽은 준이야, 지구 별의 우리지."

"완이와 준이! 이렇게 둘이나 동시에! 너무 신나! 참, 그런데 이 별엔 어떻게 오게 됐어?"

강이의 질문에 완이가 답했어요.

"우리는 검은 양복을 입은 사람을 쫓고 있어. '아귀'라는 집단의 수행원인데, 자신들의 욕심과 이익을 위해 미세 먼지를 줄이려는 것을 막는 자들이 모여 있어. 내가 살고 있는 별은 미세 먼지 수치가 이곳과 비교할 수 없을 만큼 높아. 사람들의 무관심도 컸지만, 아귀라는 집단의 영향이 컸지. 정치인, 국회의원과 거래해 미세 먼지 문제 해결을 위한 예산을 깎고, 공장 등의 산업 시설에 미세 먼지를 줄이기 위한 장비를 의무적으로 설치하도록 하는 법률을 만드는 것도 방해했어. 이런 법을 지키지 않으면 벌금을 많이 내야 하거든. 또 신문과 인터넷 매체를 이용해, 미세 먼지에 대한 거짓 뉴스를 퍼뜨리고 국제 협력을 어렵게 하는 등 갖은 수단과 방법을 써서 미세 먼지 문제를 해결하기 위한 움직임을 방해했지."

"그렇구나. 요즘 여기에도 수상한 사람이 나타난다는 얘기를 들은 적이 있어. 혹시나 흔적을 남겼을까 하고, 어린이 수호대인 내가 어른들 몰래 둘러보는 중이었어. 그런데 집단 '아귀'는 무엇 때문에 우리 별에 온 거지?"

"내 생각에는 지구 별이나 우리 별에서처럼 미세 먼지 줄이려는 움직임을 방해하려고 온 것 같아."

강이가 화난 표정으로 흥분해 말했어요.

"그건 안 되지! 우리가 얼마나 오랜 시간 노력해서 얻어낸 공기인데! 당장 문 박사님께 알려야겠어! 같이 가자. 너희의 궁금증도 풀어 주실 거야. 문 박사님은 환경 문제를 연구하는 과학자이시거든."

말을 끝낸 강이가 앞장서 걸어가자, 준이와 보라, 완이도 뒤쫓아 갔어요. 얼마 뒤 준이 일행은 우주선처럼 타원형으로 생긴 건물 앞에 도착했어요. 강이가 손목에 찬 시계를 현관문에 대자 저절로 문이 열렸어요. 강이는 익숙하다는 듯이 안으로 들어서며 소리쳤어요.

"문 박사님! 저 왔어요. 어디 계세요?"

저 멀리에서 박사님의 목소리가 들려왔어요.

"강이 왔니? 미세 먼지 연구실에 있단다. 이쪽으로 오렴."

강이는 준이와 완이, 코비와 보라를 이끌고 연구실로 갔어요.

"박사님, 소개할게요. 다중 우주에서 온 또 다른 저, 준이와 완이예요. 신기하죠? 그 옆에는 보라와 코비예요. 얼마 전 수상한 사람이 나타난다는 곳에 갔다가 만났어요. 이 친구들이 준이 세계의 미세 먼지 문제에 대해 알아보고 해결책을 찾는 중이었는데, '아귀'라는 집단의 요원이 나타나 방해를 했대요. 그런데 글쎄! 이 집단이 준이와 완이 별은 물론 우리 별의 미세 먼지 줄이기 정책을 방해할 수도 있다지 뭐예요!"

강이가 다시 흥분해서 말했어요.

인공 강우로 미세 먼지 해결한다고?

인공 강우는 구름 한 점 없는 하늘에서 비를 내리게 하는 것이 아니라, 구름 속의 미세한 물방울이 빗방울로 커지지 못하는 부분에 '비 씨앗'을 뿌려 비가 내릴 수 있도록 유도하는 기술입니다. 비 씨앗으로는 드라이아이스, 염화 칼륨, 얼음 결정과 비슷한 구조를 가진 아이오딘화 은 등이 있어요.

인공 강우가 실제로 미세 먼지 감소 효과를 입증한 사례가 있습니다. 2018년 3월, 프로야구 시합이 열린 수원 케이티(KT) 위즈 파크 야구장에서 경기 시작 전 물 대포와 드론을 활용하여 인공 강우를 뿌렸어요. 그랬더니 야구장의 미세 먼지 농도가 주변 미세 먼지 농도보다 최대 40%가량 낮은 수치를 보였습니다. 미세 먼지를 해결할 대안으로 인공 강우의 가능성을 다시 한번 엿볼 수 있는 사례이지요.

하지만 문 박사는 강이의 말에 당혹스러운 표정으로 말했어요.

"위험하니까 허락 없이 밖에 나가지 말라고 했는데, 누굴 닮아 고집이 이렇게 센지. 에휴."

한참 강이를 타이르던 문 박사는 완이에게 시선을 옮겨 물었어요.

"다른 우주에서 왔다고 했지. 미세 먼지 문제에 대한 해결책을 찾는 중이라고······. 연구는 잘 돼 가니?"

완이는 잠시 머뭇거리다가 간절하게 말했어요.

"저희를 좀 도와주세요. 제가 사는 별은 미세 먼지 수치가 연평균 200~300$\mu g/m^3$ 정도라 마스크 없이는 생활하기 어려워요. 지구 별도 지금 제대로 대처하지 못한다면, 제가 사는 별처럼 될지도 몰라요."

문 박사가 완이를 토닥이며 말했어요.

"물론이야. 지구 별도, 그리고 네가 사는 별도 내가 최선을 다해 도울게. 우리 별도 지금에 이르기까지 많은 노력을 했거든. 미세 먼지 정책을 발표할 때마다, 반대하는 사람, 무관심한 사람들 사이에서 필요성을 이끌어 내려고 노력했단다. 나라 간의 협력을 이끌어 내는 일도 쉽지 않았어. 하지만 해냈지. 그러니 너희도 포기하지만 않는다면 할 수 있어. 우선 지구 별에서 미세 먼지 수치를 낮추기 위해 무엇을 하는지부터 볼까?"

문 박사는 연구실 책상 위의 버튼을 누르며 말했어요.

"평행 세계, 태양계, 그중에서도 지구, 현재의 한국 정부가 추진하고 있는 미세 먼지 대책을 보여 줘."

그러자 연구실이 마치 우주선이 된 듯 높은 천장 화면에는 은하를 가로질러, 지구가 비춰졌어요. 그리고 연구실에 목소리가 울려 퍼졌어요. 연구실에 탑재된 인공 지능이었어요.

"한국에서 지난 2019년 11월 미세 먼지 관리 종합 계획이라는 주제로 회의를 진행했습니다. 정부의 관리들이 모두 모여 미세 먼지 정책을 평가하고 새로운 정책을 세우는 회의였죠. 중요한 장면만 보여 드릴게요!"

인공 지능이 빨리 감기로 동영상을 다음 장면으로 넘겼어요.

"지금까지 미세 먼지 농도의 현황과 특징에 대한 발표였습니다. 다음은 우리가 2017년도에 세웠던 미세 먼지 종합 대책이 어떤 결과를 내고 있는지 알아보겠습니다."

사회자의 말이 끝나자, 정장을 입은 남자가 앞에 나서 발표를 이어갔어요.

"안녕하십니까? 2017년 5월 새 정부가 출범하면서 미세 먼지 해결을 최우선 과제로 설정했습니다. 이 목표를 실행하기 위해 지난 2년간 시행한 정책을 점검해 보겠습니다. 우선 석탄 화력 발전소를 액화 천연가스 발전소(LNG)로 변경해 지었습니다. 아주 오래된 석탄 화력 발전소는 매연을 많이 배출하기 때문에 가동을 중단하거나 조기 폐쇄했습니다."

회의 장면을 지켜보던 준이가 문 박사에게 질문했어요.

"잠깐, 석탄 화력 발전소가 석탄을 태워서 에너지를 얻기 때문에 미세 먼지를 많이 배출하는 건 알겠는데……, 액화 천연가스 발전소는 괜찮은가요?"

"좋은 질문이야. 환경부에서 이와 관련해서 조사한 자료가 있지. 보고서 띄워 줘! 한국의 석탄 발전소 61기와 LNG 발전소 59기의 2018년

전력 생산량과 배출량 분석 자료야. 결과를 보면 1GWh(기가와트시, 전력의 단위)를 생산하는데 석탄 발전은 평균 438.5kg의 먼지와 질소 산화물 등 대기환경 오염 물질을 배출했고, LNG 발전은 그 3분의 1 수준인 138.1kg를 배출했어. 초미세 먼지는 1GWh를 생산하는데 석탄 발전이 평균 98.4kg의 유해 물질을 배출하는 데 반해 LNG는 10.9kg에 그쳤어. 거의……, 10분의 1 수준이야. 더 나아가 발전소에 오염 물질을 줄이는 장치를 설치하지 않은 경우에는 석탄 발전이 LNG 발전에 비해 31.7배나 대기 오염 물질을 많이 내뿜는 것으로 나타났어."

그때 보라가 말했어요.

"하지만 여전히 오염 물질을 내뿜는 건 아쉽네요. 더 나은 방법은 없을까요? 이 별에서는 어떻게 했죠?"

문 박사가 답변하려는 찰나 강이가 끼어들어 말했어요.

"장기적으로는 친환경 에너지를 써야 해. 전환이 필요하지. 한국도 이 계획을 가지고 있어. 내가 성격이 급해서 영상을 돌려서 뒤쪽까지 미리 봤거든. 헤헤. 그리고 동시에 석탄 발전 자체가 내뿜는 대기 오염 물질도 줄여야 해. 대기 오염 물질을 줄이는 기술을 개발해 적용해야지. 우리도 그랬거든. 지금 할 수 있는 것을 하면서 장기적인 계획도 함께 진행하는 게 포인트!"

준이가 다시 문 박사에게 질문했어요.

"친환경 에너지라는 말은 많이 들어 봤는데, 구체적으로 뭐죠?"

"바람, 태양의 열 등을 이용한 에너지도 있지만, 핵융합을 이용한 인공 태양 개발이 중요해질 거야. 한국도 1995년부터 개발 중이지. 바닷물에서 연료를 얻기 때문에 자원이 충분하고, 원자력 발전과 달리 높은 수준의 방사성 폐기물도 나오지 않지. 무엇보다 온실 가스나 대기 오염 물질이 발생하지 않아."

"대기 오염 물질도 없다니, 정말 대단해요!"

준이와 문 박사의 대화를 듣고 있던 보라가 물었어요.

인공 태양

핵융합은 수소나 중수소와 같은 가벼운 원자의 핵이 2개 이상 결합하여 하나의 원자핵이 되는 것을 말하는데, 이 때에도 역시 막대한 에너지가 발생해요. 태양과 같은 항성이 엄청난 에너지를 방출하면서 빛을 내는 것도 이 핵융합 반응이 내부에서 계속해서 일어나고 있기 때문이지요. 핵융합 장치는 태양과 같은 원리로 에너지를 만들어 낸다고 해서 '인공 태양'이라 불려요. 핵융합 에너지가 주목받는 이유는 무한한 자원과 안전성 때문이에요. 핵융합 에너지는 바닷물에 풍부한 중수소와 지표면에서 쉽게 추출할 수 있는 리튬을 원료로 하기 때문에 자원 고갈에 대한 부담이 무척 낮아요. 삼면이 바다인 우리에게 매우 유리한 에너지인 셈이죠.

핵융합 연료 1g은 석유 8t에 해당하는 에너지 생산이 가능하다고 합니다. 욕조 절반 가량의 바닷물에서 추출할 수 있는 중수소와 노트북 배터리 하나에 들어가는 리튬 양만으로 한 사람이 30년간 사용할 수 있는 전기를 생산할 수 있을 정도로 에너지 효율이 높답니다. 무엇보다도 이산화탄소 발생이 없어 온실가스가 배출될 염려도 없고요. 하루빨리 핵융합 기술이 개발되어 안전하고 깨끗한 에너지를 만들어 낼 수 있는 날이 오면 얼마나 좋을까요.

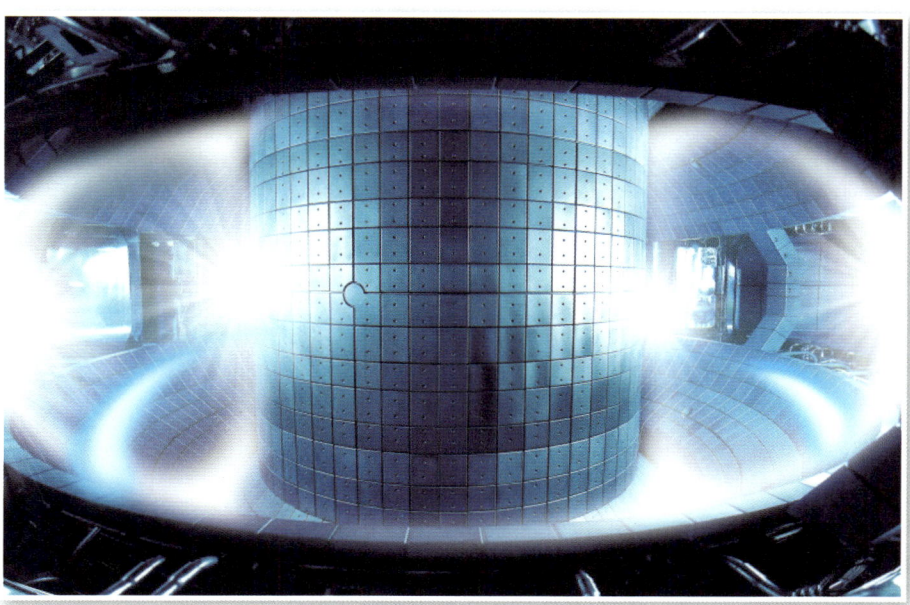

핵융합 연구 장치의 내부

"아까 완이가 시커먼 매연이 나오는 공장 굴뚝으로 우리를 데려가면서, 우리나라의 미세 먼지 배출량이 가장 많은 부분이 공장 시설이라고 하더라고요. 이 부분은 어떻게 해야 하죠?"

그때 연구실 인공 지능이 답했어요.

"다음 주제가 마침 그 내용입니다. 회의 영상을 이어서 보겠습니다."

다시 아까 그 발표자가 화면에 띄워졌어요.

"산업 부분에서는 대기 오염 물질 배출 허용 기준을 강화하고, 관리 지역을 수도권에서 대기 오염이 심각한 전국의 다른 지역까지 확대하기로 했습니다. 자신의 욕심, 이익 때문에 허가를 받지 않고, 오염 물질을 배출한 사업장부터 실제 배출한 오염 물질의 양보다 적게 신고하는 사업장까지 불법 행위를 막기 위해서는 더욱 철저한 관리 감독이 필요할 것 같습니다."

그때 갑자기 강이가 큰 소리로 말했어요.

"다 함께 쓰는 지구인데, 몰래 오염 물질을 배출하고 거짓으로 조금 배출했다고 신고하고, 정말 이기적이에요!"

문 박사가 말했어요.

"맞아, 이기적이야. 욕심이지. 게다가 오염 물질을 적게 배출하려면 오염 물질을 줄이는 장치를 설치해야 하는데, 돈이 든다는 이유로, 관련 법안을 만들거나 행정 조치를 막기 위해 국회 의원이나 고위 공무원에게 불법으로 돈을 주거나 탄원하는 경우도 있지."

문 박사의 말에 완이가 주먹을 꽉 쥐더니 말했어요.

"맞아요, 바로 그들이에요. 집단 '아귀'. 자신들의 욕심을 채우기 위해서라면 무슨 짓이든 하죠."

분노에 찬 완이의 표정을 본 강이는 그동안 미세 먼지 문제로 힘들었을 완이의 마음이 느껴졌어요. 강이는 완이에게 다가가 다독이며 말했지요.

"집단 '아귀'도 꼭 찾아내고, 지구도, 너희 별도 더 나은 환경이 될 수 있도록 나도 최선을 다할게. 우리 함께하자."

준이도 그 둘을 보며 미세 먼지 문제를 해결하기 위해 노력하겠다고 다시 한 번 다짐했어요. 엄숙한 분위기를 느낀 보라가 밝은 목소리로 분위기를 바꿨어요.

"자, 자, 우리나라에서 하고 있는 정책을 마저 확인해 볼까? 그래야 우리가 할 수 있는 일도 찾을 수 있으니까 말이야!"

보라에 말에 실험실 인공 지능이 반응하며 설명을 이어 갔어요.

"다들 마음이 급한 것 같아, 제가 미리 영상을 보고 요약했답니다. 자동차, 버스 등 운송 수단이 미세 먼지의 또 다른 주범인 건 알고 있죠? 이와 관련해서 한국에서는 매연을 많이 내뿜는 오래된 경유차를 폐차하고, 엔진을 교체하거나 매연을 줄이는 장치를 설치하는 데 지원하

완이의 연구 노트

미세 먼지의 흐름을 파악하는 인공위성

미세 먼지를 관측할 수 있는 인공위성을 아세요? 그것도 우리나라의 기술로 만든 인공위성이라면 더 놀랍겠지요? 바로 2020년 2월에 발사된 천리안 2B호예요.

천리안 위성 2B호는 적도 상공의 원 궤도에서 지구의 자전 방향과 같은 방향으로 회전하며 공기 중에 존재하는 에어로졸과 미세 먼지를 유발하는 기체 상태의 대기 오염 물질 농도를 관측할 수 있어요.

또한 우리나라 해양 환경에 큰 피해를 줄 수 있는 녹조와 적조, 기름, 해양 쓰레기 등 오염 물질의 이동도 더욱 명확하게 감시할 수 있을 뿐만 아니라 다양한 해양 연구 활동에도 도움을 많이 줄 것으로 기대되고 있어요.

천리안 2B호 상상도

고 있습니다. 전기차, 수소차 등 공해 물질을 조금 덜 내뿜는 차를 보급하는 데에도 노력하고 있어요. 더 나아가 미세 먼지 문제를 개선하는 데 필요한 과학 기술 연구까지 다방면으로 진행하고 있답니다."

문 박사가 덧붙여 말했어요.

"요약, 고마워! 그리고 국내 정책만큼 중요한 것이 또 있지. 바로 국제 협력이야. 특히 한국의 경우에는 중국과 미세 먼지 문제에 대해 논의하고, 함께 협력하는 게 중요하지. 한국 미세 먼지 농도에 중국이 미치는 영향이 크니 말이야."

일회용품 사용은 줄이고, 도심 속 숲을 지켜요

"우리가 할 수 있는 건요? 제가 할 수 있는 건 없나요?"

준이가 말했어요.

"당연히 있지! 직접 우리 별 사람들이 하는 걸 보여 줄게! 함께 나가자꾸나."

문 박사가 기특하다는 표정으로 준이의 머리를 쓰다듬으며 말했어요.

강이가 제일 신나 하며 앞장섰어요. 연구실 문이 열리고, 그 앞에는 여러 대의 자전거가 세워져 있었어요. 문 박사가 자전거 위에 올라타 앞장서며 숲으로 일행을 이끌었어요. 준이 일행은 도심 한가운데 있는 숲에 도착했어요. 완이와 준이는 눈을 감고 코로 깊이 숨을 들이마셨어요. 보라도 숲속 꽃향기에 기분 좋은 표정을 지었어요.

문 박사는 함께 숲을 걸으며 말했어요.

"맑은 공기를 유지하는 데 숲은 꼭 필요해. 미세 먼지 농도를 낮춰

주고, 우리와 함께 살아가는 다양한 생물들의 집이 돼 주지. 하지만 늘 도로를 더 넓히고, 건물을 짓기 위해 숲과 공원을 없애려는 사람들이 있어. 공원과 숲은 사라질 위기를 맞고는 하지. 지구도 도심 곳곳에 숲과 공원이 있어. 사라지지 않도록 여러분이 지켜 주고, 또 늘려 가야 해. 여러분의 생각을 정부 홈페이지, 시청이나 구청 같은 지방 자치 단체 홈페이지에 올리는 것도 한 방법이야."

일회용품 재활용 아이디어

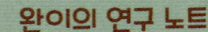

플라스틱 페트병

❶ 쌀이나 콩 등 잡곡을 종류별로 넣어 두면 정리가 되어서 보기 좋을 뿐더러 벌레도 생기지 않아요.
❷ 윗부분을 잘라 깔때기 대용으로 써도 돼요.
❸ 윗부분을 잘라 내고 바닥에 구멍을 뚫어 놓으면 물이 빠지는 음식물 쓰레기통으로 활용할 수 있어요.

각종 비닐봉지

❶ 세탁소에서 옷을 덮어 주는 비닐봉지는 젖은 옷을 말릴 때 재활용해요. 젖은 옷을 옷걸이에 걸어 비닐을 씌운 다음 드라이어로 밑부분부터 바람을 불어 넣어 주면 빨리 말라요.
❷ 휴가 등으로 집을 오래 비울 때에는 비닐봉지에 물을 넣어 꼭 묶은 다음 바늘로 밑부분에 구멍을 뚫어 화분 위에 올려 놓으세요. 그러면 물이 조금씩 나오면서 식물이 말라 죽지 않아요.
❸ 작은 비닐봉지 여러 개에 물을 나눠 얼리면 자리를 많이 차지하지 않는 아이스박스용 얼음이 돼요.

각종 티백

❶ 녹차나 홍차 등의 티백을 건어물과 함께 보관하면 곰팡이가 생기는 것을 막을 수 있어요.
❷ 족욕을 할 때 몇 개 물에 담그면 피로 회복과 피부 보호에 도움이 됩니다.
❸ 티백을 그대로 싱크대에 문질러 얼룩을 제거할 수도 있어요.

플라스틱 스푼

❶ 아이스크림을 먹을 때 받아 오는 작은 스푼은 주스를 얼릴 때 꽂아 놓으면 셔벗의 손잡이로 변신해요.
❷ 스푼 머리 뒷부분에 유성 매직으로 이름을 써 화분에 꽂아 놓으면 화분 이름표로 쓸 수 있어요.

문 박사의 설명을 듣던 완이가 고개를 끄덕이며 말했어요.

"맞아요. 저희 별에서도 숲이 줄어들면서 공기가 더 나빠졌어요."

"그리고 자동차 매연은 미세 먼지를 만드는 주범인 만큼 버스와 지하철 등 대중교통을 이용하고, 자전거도 적극 활용해야 해. 일회용품과 플라스틱 사용도 줄여야 해. 여전히 플라스틱은 재활용되기보다 소각장에서 태워 처리하는 경우가 많거든. 모두 미세 먼지를 만들지. 또 일회용품 사용을 억제하면 쓰레기를 태울 때 만들어지는 미세 먼지도 줄일 수 있어."

이번에는 준이가 부끄럽다는 듯이 말했어요.

"그런 것도 모르고 일회용품을 펑펑 썼지 뭐예요."

문 박사가 준이 어깨를 토닥이고는 다시 말을 이었어요.

"부모님과 함께 해 볼 수 있는 것도 있어. 집의 에너지 효율을 높이기 위해 틈새는 단열재로 막고, 이중창을 쓰는 거야. 냉난방에 엄청난 화석 연료가 쓰이거든. 냉난방에 쓰는 에너지를 절약하는 것도 화석 연료 사용을 줄이는 데 효과가 있어. 더 나아가, 효율성이 높은 전기 기구를 사용하고 직접 깨끗한 에너지도 생산해 볼 수 있어. 베란다나 옥상에 태양광 발전기를 설치하면 화력 발전에서 얻은 에너지 대신 태양에서 얻은 에너지를 사용하기 때문에 먼지 감소에 도움이 되지."

어느덧 숲 한가운데 도착한 준이 일행은 다시 한 번 코로 크게 숨을 마셨어요.

"어때? 숲속 공기를 마시니 기분까지 좋아지지? 지구도, 완이의 별에서도 이 숲 내음이 났으면 좋겠다. 실천은 나중이 없어. 바로 지금부터 하는 거지. 오늘 우리가 나눈 대화, 너희들의 별에서 바로 실천해야 해. 그리고 우리 별에서는 집단 '아귀'를 정부에 알려 꼭 찾아서 처벌하고 다시는 활동하지 못하도록 할게. 나도 우리 별의 이 숲 내음을 꼭 지키고 싶거든."

문 박사의 말에 완이가 문 박사를 향해 고개를 끄덕이고는 코비를 향해 눈짓을 했어요. 코비는 고개를 끄덕이고는 공중에 지구로 가는 포털을 열었답니다.

"박사님, 감사합니다. 박사님 말씀대로 지금 바로 실천할게요. 이 숲 내음 잊지 않을게요. 강이야, 고마워."

그때, 강이가 달려와 완이를 끌어안았어요. 준이도 다가와 셋이 어깨동무를 하며 다음에 만날 날을 기약했지요.

포털을 통과해 지구로 온 준이와 보라, 완이와 코비도 작별인사를 나눴어요.

"고마워, 완이야. 덕분에 미세 먼지 문제가 얼마나 심각한지, 내가 지금 할 수 있는 게 무엇인지 알게 됐어. 너희 별도 돕고 싶어. 내가 할 수 있는 게 있다면 무엇이든 말해 줘."

준이의 말에 완이가 너스레를 떨며 말했어요.

"정말 준이 맞아? 몰라보겠는 걸. 마음을 열고 내 이야기를 들어줘서 고마워. 우리 별은 너무 염려 마. 나도 준이 덕분에 우리 별의 미세 먼지 문제 해결을 위한 방법을 찾는 데 많은 도움을 얻었어."

"보고 싶을 거야. 지구에 자주 놀러 와야 해. 알겠지?"

보라의 말에 완이와 코비가 활짝 웃음을 지어 보였어요.

"당연하지, 보라야. 준이와 함께 열심히 활동하기를 바랄게."

완이의 마지막 인사와 함께 포털 문이 닫히고 완이와 코비도 떠났어요.

준이가 뭔가 결심한 듯 보라에게 말했어요.

"보라야, 우리 학교 신문을 만들자. 친구들에게 미세 먼지에 대해 알려 주고 싶어. 학교에서 일회용품 사용을 줄이는 캠페인도 펼쳐 보자. 함께 해 줄 거지?"

"물론이지. 지금 바로 시작하자."

미세 먼지 수치가 높은 날에는 이렇게 해요

되도록 외출하지 않고 집에 머물러요.

외출할 때는 반드시 마스크를 써요.

창문을 닫아요.

대중교통을 이용해요.

외출 뒤 옷의 먼지를 잘 털어요.

어떻게 미세 먼지 문제를 개선해야 할까?

전국적으로 미세 먼지를 가장 많이 배출하는 부문은 산업이에요. 전체 38%를 차지하죠. 이 때문에 국회에서는 2019년 4월, 대기 관리 권역의 대기 환경 개선에 관한 특별법을 제정해 사업장에서 대기 오염 물질을 배출할 수 있는 허용 기준을 강화했어요. 하지만 법을 어기고 불법으로 배출하는 업체가 많아 문제가 되고 있어요.

지난 2018년 한 회사에서는 대기 오염 물질인 시안화 수소를 허가받지 않고 배출 허용 기준 이상으로 불법 배출한 사례가 있었어요. 경기도에서도 대기 오염 물질을 배출하면서 불법으로 배출관을 만든 업체를 적발했어요. 서울에서도 지난 2017년, 허가된 용량보다 최대 5배 많은 폐기물을 태워서 초미세 먼지를 유발하는 황산화물과 질소 산화물을 기준치 이상 많이 배출한 업체들이 적발됐어요. 특히 업체들은 인체에 치명적인 다이옥신까지 무방비로 배출해 논란이 됐지요. 다이옥신은 청산가리에 비해 1만 배 이상 강한 독성을 지닌 1급 발암 물질로, 1g만으로도 몸무게 50㎏의 성인 2만 명을 죽일 수 있는 독극물로 알려져 있어요.

이에 정부에서는 정책과 제도를 강화한 데 비해 현장 관리가 부족하다고 판단하고, 사업장의 감시와 단속을 강화하겠다고 발표했어요.

이 밖에도 미세 먼지를 발생시키는 주범으로 꼽히는 노후 경유차에 대한 정책도 펼치고 있는데요. 정부에서는 노후 경유차에 대해서는 조기 폐차를 지원하고 있어요. 이밖에도 각 지방 자치 단체에서 다양한 정책을 진행하고 있답니다. 미세 먼지 문제는 정부의 정책도 중요하지만, 사업체를 운영하는 업주, 차량을 운행하는 운전자 등 사회 구성원의 협조와 노력이 절실한 문제랍니다. '나 하나쯤이야, 한 번 쯤이야.' 하는 이기심과 욕심이 미세 먼지를 줄이는 데 큰 문제가 돼요.

여러분은 어떤가요? 석탄 에너지로 만든 전기는 아껴 쓰고 있나요? 대중교통으로 이동할 수 있는 거리를 자동차로 이동하고 있지는 않나요? 플라스틱과 일회용품을 자주 사용하고 있지는 않나요?

미세 먼지 문제를 앞으로 어떻게 개선하면 좋을지 생각해 보세요. 또 스스로 당장 할 수 있는 일, 그리고 계획을 세워 가족들과 함께 할 수 있는 일에는 무엇이 있는지도 논의해 보세요.

O, X 퀴즈

미세 먼지로부터 건강을 지키는 방법에 대해 맞는 내용은 ○, 틀린 내용에는 ✕로 표시해 보세요.

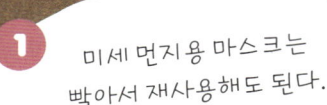 미세 먼지용 마스크는 빨아서 재사용해도 된다.

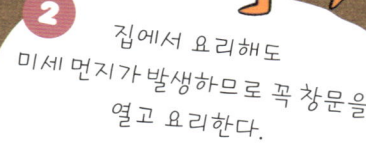 집에서 요리해도 미세 먼지가 발생하므로 꼭 창문을 열고 요리한다.

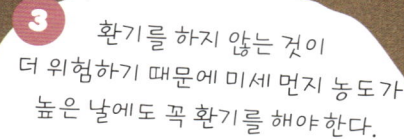 환기를 하지 않는 것이 더 위험하기 때문에 미세 먼지 농도가 높은 날에도 꼭 환기를 해야 한다.

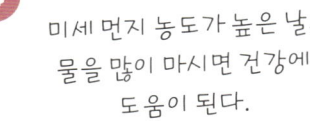 미세 먼지 농도가 높은 날, 물을 많이 마시면 건강에 도움이 된다.

정답: ①✕ ②○ ③✕ ④○

> 어려운 용어를 파헤치자!

대기 오염 인공적으로 배출되어 인간 생활에 나쁜 영향을 주는 매연, 먼지, 일산화탄소 따위와 같은 물질이 공기와 섞이는 일. 이산화탄소의 증가로 인하여 지구의 온난화, 프레온 가스로 인한 오존층의 파괴 따위가 문제시되고 있다.

배기가스 연소 장치, 자동차 등에서 불필요하게 되어 배출하는 가스. 다량의 수증기, 그을음, 먼지 따위로 이루어졌으며 일산화탄소 따위의 유해 성분을 함유한다. 자동차의 경우는 도시 공해의 원인이 되기 때문에 성분을 규제한다.

수소 이온 농도 지수 수소 이온의 농도를 나타내는 수치로 기호 pH로 표시한다. 화학에서 물질의 산과 염기의 강도를 나타내는 척도로서 사용된다. 대부분의 물질은 pH 값이 0과 14의 사이를 나타내며, pH의 값이 7보다 낮으면 산성, 7보다 높으면 염기성이라고 부른다.

아황산 가스 황이나 황 화합물을 태울 때 생기는 무색의 기체로, 독성이 있다. 자극적인 냄새가 나며, 산성비의 원인이 되는 공해 물질이다.

일산화탄소 탄소 한 원자에 산소 한 원자의 비율로 결합된 화합물로, 색과 냄새가 없는 기체이다. 독성이 있으며, 탄소나 탄소 화합물의 불완전 연소로 생긴다.

중금속 금속을 비중에 따라 구분할 때 비중의 크기가 4 이상인 금속. 납, 수은, 카드뮴, 크롬, 아연, 니켈, 망간 등이 있으며, 적은 양이라도 환경과 인체에 해를 끼칠 수 있으므로 주의해야 한다.

질산염 금속의 산화물이나 탄산염을 질산에 녹여 만든 화합물로, 산화제, 화약, 비료 따위로 쓰인다.

미세 먼지 관련 사이트

기상청 날씨누리 www.weather.go.kr
기상청에서 별도로 운영하는 사이트로 지역별 매일의 날씨를 시간대별로 볼 수 있으며 바다, 태풍, 지진 등에 관련된 다양한 기상 정보를 찾아볼 수 있어요.

환경부 me.go.kr
우리나라의 기후 대기, 물 자원, 자연 보전 등 환경과 관련된 정보 및 민원 서비스를 제공하는 사이트예요.

환경부 국가미세먼지정보센터 www.air.go.kr
환경부에서 운영하는 미세 먼지 정보 전문 사이트예요. 미세 먼지의 원인, 물질별 배출량, 시도별 배출량, 고농도 미세 먼지 대응 요령 등에 관한 정보를 찾아볼 수 있어요.

에어코리아 www.airkorea.or.kr
한국 환경 공단의 홈페이지로 언제 어디서든지 실시간으로 공기 오염 상태를 확인할 수 있는, 전국 실시간 대기 오염도를 공개하고 있어요. 대기 환경 기준 물질 6개 항목(아황산 가스, 일산화탄소, 이산화질소, 미세 먼지(PM10, PM2.5), 오존)에 대한 대기 오염도를 대기 오염 시계, 대기 오염 달력 등의 표현 방식과 접목하여 시간대별, 일자별, 요일별로 제공해요.

`영어` **세계 미세 먼지 지도** aqicn.org
세계 지도를 통해서 100개 이상 국가의 실시간 대기 오염 정보를 한눈에 파악할 수 있는 사이트예요.

신나는 토론을 위한 맞춤 가이드

작아서 더 문제인 미세 먼지에 대한 이야기를 재미있게 읽었나요? 이제 미세 먼지 박사가 된 것 같다고요? 그 전에 마지막 단계인 토론을 잊지 마세요. 토론을 잘하려면 올바른 지식과 다양한 정보가 바탕이 되어야 해요. 책을 다 읽고 친구 또는 엄마와 함께 신나게 토론해 봐요!

잠깐! 토론과 토의는 뭐가 다르지?

토론과 토의는 모두 어떤 문제를 해결하기 위해 의견을 나누는 일입니다. 하지만 주제와 형식이 조금씩 달라요. 토의는 여러 사람의 다양한 의견을 한데 모아 협동하는 일이, 토론은 논리적인 근거로 상대방을 설득하는 일이 중요합니다. 토의는 누군가를 설득하거나 이겨야 하는 것이 아니기 때문에 서로 협력해서 생각의 폭을 넓히고 좋은 결정을 내릴 때 필요해요. 반면 토론은 한 문제를 놓고 찬성과 반대로 나뉘어 서로 대립하는 과정을 거치지요.
넓은 의미에서 토론은 토의까지 포함하는 경우가 많습니다. 토론과 토의 모두 논리적으로 생각 체계를 세우고, 사고력과 창의성을 높이는 데 도움을 준답니다.

토론의 올바른 자세

말하는 사람
1. 자신의 말이 잘 전달되도록 또박또박 말해요.
2. 바닥이나 책상을 보지 말고 앞을 보고 말해요.
3. 상대방이 자신의 주장과 달라도 존중해 주어요.
4. 주어진 시간에만 말을 해요.
5. 할 말을 미리 간단히 적어 두면 좋아요.

듣는 사람
1. 상대방에게 집중하면서 어떤 말을 하는지 열심히 들어요.
2. 비스듬히 앉지 말고 단정한 자세를 해요.
3. 상대방이 말하는 중간에 끼어들지 않아요.
4. 다른 사람과 떠들거나 딴짓을 하지 않아요.
5. 상대방의 말을 적으며 자기 생각과 비교해 봐요.

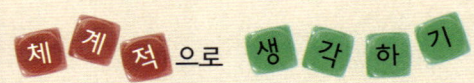

친환경 에너지를 개발해야 하는 까닭은?

미세 먼지를 유발하는 석탄 발전소를 대체하기 위해 친환경 에너지의 개발이 꼭 필요해요. 태양열 발전, 풍력 발전, 수소 에너지도 주목받고 있지만 최근 핵융합 에너지에 대한 관심이 높습니다. 다음 글을 읽고 핵융합 에너지가 친환경 에너지로 주목받는 이유에 대해 생각해 봅시다.

현재 85% 에너지 소비량을 차지하는 화석 연료의 경우 연료의 고갈뿐 아니라 발전 과정에서 발생하는 미세 먼지나 이산화탄소와 같은 심각한 환경 문제 영향 때문에 점차 줄여야 하는 에너지원으로 꼽힙니다. 이를 대신하기 위해 태양광과 풍력, 조력 등의 친환경 에너지의 비중을 높이고 있지만, 현재 상용화되어 있는 친환경 에너지의 경우 초기 설계 비용이 비싸고, 일조량이나 바람량 등 자연 변화에 따라 꾸준히 풍부한 에너지를 생산하기에는 부적합하여 에너지원으로 쓰이기에는 한계가 있습니다.

결국 대규모의 전력 생산이 가능하면서도 친환경적인 에너지를 찾는 것이 가장 큰 숙제인 것입니다. 그래서 새롭게 주목받는 에너지원이 핵융합 에너지입니다. 태양이 에너지를 내는 원리인 핵융합을 활용한 발전은 대용량의 에너지 생산이 가능하면서도 친환경적인 에너지원으로 꼽히고 있습니다. 핵융합 발전의 연료는 수소의 동위원소인 중수소와 삼중 수소를 이용하는데요. 중수소는 바닷물을 전기 분해하여, 삼중 수소는 핵융합로 내에서 리튬과 중성자를 반응시켜 얻을 수 있습니다. 리튬 역시 지표면뿐 아니라 바닷물에서 추출할 수 있으니 핵융합의 연료는 거의 무한하다고 볼 수 있습니다. 또 핵융합 발전은 사용하는 연료에 비해 생산성도 여타 에너지보다 훨씬 높습니다. 화력 발전이 300만 t의 석탄을 원료로 사용해야 만들 수 있는 에너지를, 핵융합 발전은 100㎏의 중수소와 3t의 리튬으로 생산할 수 있죠.

더욱이, 생산 과정에서 갖은 환경 문제를 일으키는 에너지와도 차별성이 있습니다. 기존 핵분열을 이용하는 원자력 발전의 경우 영구적으로 폐기해야 하는 고준위 방사성 폐기물이 발생하지만, 핵융합 발전에서 나오는 방사성 폐기물은 반감기가 수십 년에 불과합니다. 또 핵융합의 연료나 반응 산물은 핵분열 발전의 우라늄과 플루토늄처럼 핵무기에 사용될 수 없고요. 이러한 숱한 장점 덕에 핵융합 에너지는 무한하고 고효율을 갖춘 청정 에너지로 주목받고 있죠.

국가 핵융합 연구소 2019/12/03

1. 핵융합 에너지의 장점은 무엇인가요?

2. 위의 글에서 태양광과 풍력, 조력 등의 친환경 에너지의 한계로 지적된 것은 무엇인가요?

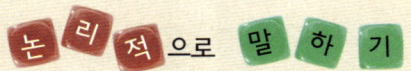

산업체에서 발생하는 미세 먼지를 줄이려면?

산업체에서 내뿜는 대기 오염 물질이 미세 먼지를 만드는 가장 큰 주범이라고 해요. 하지만 여전히 많은 기업에서 미세 먼지를 줄이기 위한 장비를 설치하기보다 대기 오염 물질의 배출 수치를 조작하는 등 법을 어기는 활동을 하고 있습니다. 산업 공장에서 배출되는 미세 먼지의 양을 줄이기 위해서는 어떻게 해야 할지, 다음 보도를 보고 질문에 답해 보세요.

대기 오염 물질 측정 대행업체와 짜고 미세 먼지 원인 물질 등을 기준치 이상으로 속여서 배출한 여수 산업 단지 지역의 기업들이 무더기로 적발됐다.

가열 시설에서 질소 산화물 배출 농도를 측정한 결과, 평균값이 224ppm으로 배출 허용 기준인 150ppm을 크게 초과했다. 질소 산화물은 미세 먼지의 원인 물질 중 하나이다. 하지만 공장 측에서는 측정 대행업체와 공모해 측정 기록부에는 기준치 이내인 113.19ppm으로 낮춰 기록했다. 이 업체는 이런 방식으로 2015년 2월부터 2017년 5월까지 2년여에 걸쳐 총 16건의 측정값을 조작했다.

이번에 적발된 측정 대행업체 네 곳은 측정을 의뢰한 235곳의 배출 사업장에 대해 2015년부터 4년간 대기 오염 물질 측정값을 축소해 조작하거나 실제로 측정하지 않고도 허위 성적서를 발행한 것으로 드러났다.

이렇게 측정값을 축소해 조작한 건에 대해 먼지·황산화물·질소 산화물 등 대기 오염 물질 주요 항목별로 분석한 결과, 측정값은 실제 대기 오염 물질 배출 농도의 33.6% 수준으로 낮게 조작됐다. 해당 업체에서 측정된 양보다 더 많은 미세 먼지 원인 물질을 내뿜었다는 것이다.

중앙일보 2019/04/17

1. 기업들이 잘못한 일은 무엇일까요?

2. 산업체에서 미세 먼지 배출량을 줄이도록 하기 위해서 우리는 어떻게 해야 할까요?

학교 급식실의 환경을 좋게 하는 방안은 뭘까요?

최근에 환기 시설이 열악한 한 학교의 급식실에서 초미세 먼지에 자주 노출됐다가 뇌출혈로 쓰러진 조리사에 대해 산업 재해(산재)를 인정하는 판결이 나와 주목을 받고 있어요. 초미세 먼지가 산재의 원인으로 인정되는 일은 이번이 처음이기 때문이에요. 뇌출혈 진단을 받은 이모 씨는 2012년부터 수원의 한 중학교에서 조리원으로 일했다고 해요. 2017년 이 씨는 근무 중 뇌출혈로 쓰러졌고 산재 인정을 신청했는데요. 조사 결과, 이 씨가 일했던 조리실은 환풍기와 에어컨이 제대로 작동하지 않아 초미세 먼지 농도와 습도가 매우 높게 나타나 초미세 먼지로 인한 산재로 인정됐다고 해요.

여러분이 교장 선생님이라고 생각하고, 조리원들의 건강을 위해 급식실에 어떤 조치를 취할 수 있을지, 그 방법을 적어 보세요.

예시 답안

친환경 에너지를 개발해야 하는 까닭은?

1. ❶ 재료를 바닷물에서 추출할 수 있어, 연료가 무한하다.
   ❷ 연료 양에 비해 생산성도 다른 에너지보다 훨씬 높다.
   ❸ 연료나 반응 산물은 핵무기에 사용될 수 없다.
2. ❶ 초기 설계 비용이 비싸다.
   ❷ 일조량이나 바람량 등 자연 변화에 따라 생산량이 달라져, 꾸준하게 풍부한 에너지를 생산하기 어렵다.

산업체에서 발생하는 미세 먼지를 줄이려면?

1. 질소 산화물 등 미세 먼지를 만드는 대기 오염 물질 배출량의 측정값을 축소해 신고하거나, 불법으로 오염 물질을 버리는 행위 등을 한 것
2. ❶ 대기 오염 물질 배출량 조작 시, 벌금을 많이 부과
   ❷ 대기 오염 물질 배출량을 줄이는 장비를 의무적으로 설치하도록 법으로 만듦.
   ❸ 현장 감사 횟수 늘리기